오행은 뭘까?

젊은 한의사가 쉽게 풀어 쓴 음양오행 〔오행편〕

오행은 뭘까?

어윤형 · 전창선 지음

와이겔리

초판 서문

대학 시절 술집 한쪽 모퉁이에 모여 앉으면 고량주에 불을 붙이던 친구가 있었습니다. 그 친구는 "술에는 물과 불이 섞여 있어. 그것이 바로 음양의 본질이야."라며 자연의 섭리에 대해 열변을 토했습니다.

음양과 오행! 이 말을 하지 않고 동양을 이야기할 수가 있을까요?

유불선(儒佛仙)의 종교 세계, 천문(天文)과 지리(地理), 어렵고도 신기한 역(易)과 기문둔갑(奇門遁甲), 흥미로운 사주(四柱)와 관상(觀相). 단전호흡(丹田呼吸), 무속(巫俗)의 신명 세계(神明世界)······. 정치, 의학, 문학, 건축, 미술, 음악 등에 깃든 심오한 사상들······.

동양의 문화유산들은 바다와 같이 넓고 깊습니다. 그리고 그것들이 하도(河圖)와 낙서(洛書)에 의해 이루어진 '음양오행'이 뿌리가 되어 형성되었음을 부정할 수 없습니다. 그럼에도 불구하고 의외로 많은 이들이 음양오행의 참뜻을 모르며, 심지어는 오도하고 있습니다.

"비인(非人)이면 부전(不傳)이라."

이 말은 '진리는 그것을 받을 만한 사람이 아니면[非人] 전해 주지 않는다[不傳].'는 뜻입니다. 그렇기에 동양 정신세계의 심오한 진리는 소수의 몇 사람을 제외하고는 알지 못했습니다. 그 결과 음양오행의 참뜻은 숨어 버리고 신비와 미신의 너울을 쓰고 만 것입니다. '신비(神秘)'는 내용이 밝혀지기 전까지만 쓸 수 있는 말입니다. 밝혀진 후에는 이미 신비가 아닙니다. '미신(迷信)'이란 미혹된 믿음입니다. 아무리 진실된 뜻도 신비에 가려져 있으면 미신과 야합합니다. 허무맹랑한 거짓이 판치는 것입니다.

신비는 벗겨져야 합니다.

미신은 배척되어야 합니다.

이제 동양은 깨어나고 있습니다. 그리고 어느 때보다 우리 것에 대한 관심이 높아지고 있습니다. 바로 지금이 음양오행을 올바르게 이해해야 할 때입니다. 음양오행을 올바로 이해하면 뿌연 안개로 뒤덮인 동양의 바다를 항해하는 데 필요한 나침반을 얻게 될 것입니다. 음양오행을 알지 못하면 미신과 신비의 안개 속에서 방향을 잃고 헤맬 수밖에 없습니다.

이 글은 동양의 세계에 뛰어들어 오랫동안 길을 잃고 헤매던 저희 필자들이, 같은 길을 걷고 있는 많은 이들에게 보내는 작은 보고서입니다. 부디 이 글이 열정 가득한 동도(同道)의 길에 작은 등불이 되길 기원합니다.

개정판 서문

　동양 학문에 뛰어들어 안개 속을 헤매며 고민하던 '젊은 한의사 두 사람'이 나름으로 알게 된 내용을 정리하여, '음양오행'에 관한 미숙한 글을 책 세 권으로 낸 지 벌써 십 수년이 지났습니다.

　이 책들이 저희의 예상과 달리, 1994년 2월에 초판이 나온 이후 오랫동안 살아남아 팔리고 있어 항상 감사히 여기고 있었습니다. 하지만 전 출판사의 사정으로 더는 출간이 안 되는 안타까운 상황에 이르게 되었고, 때마침 와이겔리 출판사가 재출간의 기회를 마련해 주어 기쁘기 이를 데가 없습니다.

　음양오행의 공부는 '완성'이 없습니다. 항상 '과정'일 뿐입니다. 그래서 저희는 못난 구석이 더러 보이는 이 글들을 첨삭 없이 처음 원고 그대로 다시 세상에 내보내기로 결심했습니다. 여전히 '젊은 한의사'라는 이름을 달고서.
　《음양이 뭐지?》,《오행은 뭘까?》,《음양오행으로 가는 길》, 이 세

권의 개정판은 내용에 있어 처음 출간될 때와 같습니다. 다만, 각 권의 삽화는 김관형 작가의 노고로 새로이 단장되었습니다.

　많이 부족하지만, 이 글들은 저희 두 사람 젊은 날의 초상입니다. 그 시절의 저희와 같은 길을 걷는 이들에게, 초판 서문의 바람처럼, 변함없이 작은 등불이 되길 기원합니다.

2009년 10월 어윤형 전창선

차 례

초판 서문   4
개정판 서문   6

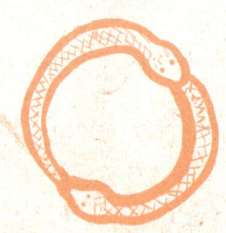

1장 오행의 향기

오행을 시작하며 ……………………………………… 15
뫼비우스의 띠 ………………………………………… 16
불사조 …………………………………………………… 19
시지프스의 바위 ……………………………………… 20
진리는 단순하다 ……………………………………… 22
Never Ending Story …………………………………… 25
오행의 신화 …………………………………………… 27
강이 끝나고 산마저 다해 …………………………… 29

2장 가면 속의 우주

가면의 계절 …………………………………………… 33
우주는 숨겨져 있다 ………………………………… 35
누우면 자고 싶다 …………………………………… 36
인생의 걸음걸이 ……………………………………… 38
길을 가는 다섯 걸음 ………………………………… 40
우주는 어떻게 걸을까 ……………………………… 41
목(木)은 나무가 아니다 …………………………… 44
점, 직선, 평면, 입체, 그리고 시간 ………………… 48
철쭉꽃 먹고 비틀비틀 ……………………………… 52

3장 오행의 춤

하나; 목(木) — 생명의 탄생 ·········· 57
골뱅이와 덩굴식물 ·········· 59
생명력을 기르려면 ·········· 61
태극 속에 사는 새 ·········· 63

둘; 화(火) — 열정의 젊은 시절 ·········· 65
화려해도 실속 없는 젊은 여름날 ·········· 67
칡을 여름에 캐면 ·········· 69
불꽃처럼 살아가는 ·········· 72
사람과 새의 불꽃 ·········· 74
눈 — 불의 통로 ·········· 76
불의 숨겨진 모습 ·········· 78

셋; 금(金) — 풍선과 가을 ·········· 79
별도 지구도 풍선도 ·········· 80
사람의 머리와 풍선 ·········· 82
봄에는 살리고 가을이면 죽이는 ·········· 85
고육지책(苦肉之策) ·········· 87
가을의 뜻 ·········· 89

넷; 수(水) — 빅 뱅 ·········· 91
삼천 년 만의 탄생 ·········· 92
생명의 고향 ·········· 94
겨울과 잠, 그리고 돌아감 ·········· 97
은하계의 자궁 — 블랙홀 ·········· 99

다섯; 토(土) — 중앙의 임금, 혼돈 ·········· 102
나비의 꿈 ·········· 105
흙 속의 임금 — 혼돈 ·········· 107
생장수장의 춤 ·········· 109

4장 싸우면서 자란다

상생과 상극 ·············· 115
외줄타기 ·············· 118
욕망과 절제 ·············· 121
사계 속의 상생 상극 ·············· 125
절제 없는 욕망 ·············· 127
너무 편하면 죽는다 ·············· 128
철완(鐵椀) ·············· 130
내리사랑 ·············· 132
태초에서 미래까지 ·············· 136
상극의 고리 ·············· 140
열매를 맺으면 줄기는 시든다 ·············· 143
잎이 무성하면 열매가 부실하다 ·············· 145
겨울이면 잎은 시들고 ·············· 147
우후죽순(雨後竹筍) ·············· 149
대나무는 꽃이 피기 어렵다 ·············· 152
부부 싸움과 상생 상극 ·············· 154
맞물려 돌아가는 세상 ·············· 159
상생 상극을 마치고 ·············· 162

5장 오행이 펼치는 세상

우주 속의 무수한 우주들 ·············· 169
인체 속의 소우주 ·············· 172
간은 간이고 나무는 나무다 ·············· 175
현실 속의 오행 ·············· 178
동양의 방위 ·············· 180
남쪽을 바라보는 성인 ·············· 183
지구는 왜 둥글까 ·············· 186

사계절 ··· 190
다섯 가지 맛 ································· 191
다섯 가지 색깔 ······························ 194
오장(五臟; 肝心脾肺腎) ················· 197

6장 체질은 뭘까

체질이란? ·· 213
벗겨지지 않는 가면, 체질 ················ 215
사지(四肢)가 추는 다섯 가지 춤 ······ 220
체질과 인생의 사계절 ······················ 225
어린 시절과 태양인 ························· 226
소년 시절과 소양인 ························· 228
중년기와 태음인 ······························ 230
노년기와 소음인 ······························ 232
동물도 체질이 있을까 ······················ 234
얼굴을 보면 체질을 안다 ················· 239
음인(陰人)과 양인(陽人) ··················· 242
나의 체질을 찾아 ···························· 245
내 체질은 뭘까? 1 ··························· 248
내 체질은 뭘까? 2 ··························· 250
오행이 부리는 마술(질량 변화) – 순대 접시 위의 간 ······ 253
불과 흙의 이야기 ···························· 255
나무와 쇠와 물의 이야기 ················· 260
체질은 왜 생길까 ···························· 267

음양오행을 마치면서   275

1장
오행의　향기

둥근 원은 시작도 없고 끝도 없습니다.
단순함으로 다시 깨어나는 자만이 둥근 원 속으로
들어가 진리와 하나가 됩니다.
오행은 둥근 원으로 들어가는 문과도 같습니다.

오행을 시작하며

〈대부〉로 유명한 배우 '알파치노'에게 오스카 남우주연상을 안겨 준 영화가 있습니다. 바로 〈여인의 향기(scent of a woman)〉가 그 영화인데, 영화 속 주인공은 여행 중 우연히 만난 젊은 여인과 탱고를 춥니다. 아름다운 리듬에 맞추어 어우러진 두 사람의 춤이 화면을 압도합니다. 열정과 절제, 절묘한 조화의 스텝은 넓은 플로어(floor)를 가득 채우며 돌아갑니다. 마침내 춤은 끝나고 두 남녀는 기약 없이 헤어집니다.

음양과 오행은 두 남녀의 춤과도 같습니다.
음(陰)과 양(陽)은 남녀가 되고 오행의 木火土金水는 춤이 되어 둥근 길[道]을 플로어 삼아 돌고 있습니다.
음양은 만유에 내재된 존재 질서이고,
오행은 음양이 걸어가는 다섯 가지 걸음입니다.
그럼, 오행을 통해 우주가 추고 있는 춤을 배워 봅시다.

뫼비우스의 띠

긴 종이 띠 하나를 준비해 보세요. 종이 띠의 양끝에 풀을 칠하고 붙입니다. 단, 양끝을 꽈배기처럼 한 바퀴 꼬아서 붙여 봅시다.

위의 그림처럼 됩니다. 이 같은 모양의 종이 띠를 바로 뫼비우스의 띠(möbius strip)라고 합니다. 간단해 보이지만 이 종이 띠가 지닌 의미는 우리를 몹시 어리둥절하게 합니다. 종이 띠를 길이라 가정하고 그 위를 걸어간다고 상상해 보세요.

한 바퀴를 거의 다 돌았을 때 우리가 서 있는 곳은 출발점의 반대면에 있다는 것을 깨닫게 됩니다. 띠의 바깥을 걷고 있었는데 어느 새 띠의 안쪽을 걷고 있는 것입니다. 띠의 양면에 아직 마르지 않은 페인트를 칠해 놓고 계속 걸어 본다면 안과 밖 모두에 발자국을 남기게 됩니다.

어디가 안이고 어디가 밖일까요?

뫼비우스의 띠는 2차원적인 평면에서 안과 밖의 개념이 붕괴되는 것을 보여주고 있습니다. 우리들의 보편적인 사고 체계는 안이 있으면 밖이 있다고 인식합니다. 그러나 뫼비우스의 띠는 그러한 고정된 시각을 부정하고 있습니다.

뫼비우스의 띠와 같은 상황이 3차원의 공간에서 이루어진다면 어떻게 될까요? 우리가 살고 있는 우주에는 안과 밖이 있을까요? 혹은 끝이 있을까요?

어린 시절 여름이 되면 친구들과 함께 밤하늘의 별들을 바라본 적이 있을 겁니다. 그러면 으레 우주는 끝이 있느니 없느니 옥신각신합니다. 물론 결론은 없습니다. '끝이 있다.'고 하자니 우주가 끝나는 경계선 너머에는 또 무엇이 있을까 하는 의문이 생기고, '끝이 없다.'고 하자니 공간적으로 끝이 없는 것은 있을 수 없어서 논리에 모순이 생깁니다.

우주는 도대체 끝이 있는 걸까요?

우주에는 안과 밖이 있을까요?

안타깝게도 우리는 그 해답을 내릴 수 없습니다. 해답을 내리기 전에 먼저 해결해야 할 문제가 있기 때문입니다.

문제는 바로 우리의 사고 체계에 있습니다.

우리들이 가지고 있는 기존의 사고 체계로는 우주의 실상을 파악할 수 없습니다. 우주는 우리의 인식과 판단에 관계없이 자연(自然; 스스로 그렇게)스럽게 존재하고 있습니다.

뫼비우스의 띠는 우리의 경직된 사고 체계를 무너뜨리는 하나의 예에 불과합니다.

불사조

고대 이집트에는 비누(bynw)라는 새가 살고 있었습니다.

빛나는 진홍색 몸과 금빛 깃털을 가진 아름다운 비누는 울음소리 역시 맑고 고왔습니다. 비누의 수명은 500년이었는데, 생명이 다하면 태양신의 도시인 헬리오폴리스(Heliopolis)에 나타났다고 합니다.

그런데 재미있는 것은 헬리오폴리스에 나타난 비누는 계수나무 껍질과 향기 나는 나뭇가지, 몰약(沒藥) 등을 모아 둥지를 만들고는 불을 붙여 그 속에서 자신의 몸을 태운다는 것입니다. 그러고 나서 다 타고 남은 재 속에서 다시 살아납니다. 이러한 불사조 비누를 그리스어로 피닉스(phoenix)라고 합니다.

살아 있는 모든 존재들은 자연스럽게 죽음을 맞이하지만 피닉스는 영원한 삶을 반복합니다. 삶과 죽음에 대한 우리들의 사고 체계를 부정하고 있습니다. 하지만 피닉스의 전설을 무시할 수 없습니다.

고대의 전설이 오늘날까지 뭇사람의 입에 오르내릴 수 있는 것은, 세월의 흐름 속에서도 퇴색되지 않는 진리가 숨어 있기 때문입니다.

시지프스의 바위

어느 날 시지프스(Sisyphus)가 한가로이 하늘을 쳐다보고 있는데, 굉장히 큰 독수리 한 마리가 처녀를 낚아채서 먼 바다의 섬으로 날아가는 것이었습니다.

지혜로운 시지프스는 아무래도 보통 독수리가 아니라고 눈치 챘습니다.

'제우스 신이 독수리로 변신해 장난을 하는 것이 틀림없어.'라고 생각하고 있는데, 마침 강물의 신 아소포스가 찾아와서 자기의 딸이 갑자기 없어졌다고 하소연했습니다. 시지프스는 자기가 본 독수리에 대해 이야기해 주면서, 딸을 납치해 간 자는 아마도 제우스 같다고 귀띔해 주었습니다. 그러자 아소포스는 딸을 찾아 먼 바다의 섬으로 갔습니다.

그러나 제우스는 벼락을 던져 아소포스를 쫓아 버리고 비밀을 가르쳐준 시지프스에게 벌을 내립니다. 시지프스는 지옥에 던져져 영원한 고통을 짊어지게 됩니다.

그가 받은 벌은 무거운 바위를 산 위로 굴려 올리는 것이었습니다. 시지프스가 온 힘을 기울여 바위를 가까스로 산꼭대기까지 굴

려 올리면 순식간에 무서운 힘
으로 다시 굴러 떨어져 버렸습니다.
그는 영원히 반복되는 끝없는 노동을
해야 했습니다.

　시지프스의 신화 역시 피닉스의 전설과 같습니다.
가까이는 인생의 본질을, 멀리는 우주 순환의 진리를 가
장 간략한 상징으로 우리에게 가르쳐주고 있습니다.

진리는 단순하다

진리는 하나입니다. 하나인 진리는 한 알의 씨앗과도 같습니다. 씨앗이 발아하고 시간이 흐르면서 거대한 나무가 되듯이…….

진리도 마찬가지입니다. 하나인 진리는 수많은 도사(知道之師)들의 입을 통해 싹을 틔우고 가지를 내면서 거대한 나무로 자랍니다. 거대한 진리의 나무는 세월이 흐를수록 상징과 비유를 양식으로 무럭무럭 자라납니다.

신화와 전설은 수많은 상징과 비유로 가득 찬 진리의 나무입니다. 동서양을 막론하고 역사의 태동기에 형성된 이들 이야기들은 우주와 삼라만상, 인간의 본질을 꿰뚫어 보는 지혜의 눈빛으로 번뜩입니다. 현대인의 시각으로는 비현실적인 이야기로 여겨질 수 있겠지만 그 속에 숨어 있는 깊은 뜻을 이해한다면 놀라지 않을 수 없습니다.

역사의 태동기에 뿌려졌던 하나의 씨앗이 고대, 중세, 현대에 이르는 시간의 흐름 속에서 큰 나무로 변했습니다. 오늘날의 현자(賢者)들은 무성한 나뭇잎의 진리를 이야기합니다. 나뭇잎에도 씨앗

의 뜻이 깃들어 있지만, 그것을 이해하는 것은 나뭇잎의 수를 헤아리는 것만큼이나 복잡하고 어렵습니다.

진리는 쉽고 단순합니다.

고대로 올라갈수록 나무의 뿌리에 가까워지는 것이고 현대에 가까워질수록 나무의 잎사귀에 가깝습니다.

현대는 잎사귀를 닮아 겉은 화려하지만 속은 공허하고 복잡합니다. 그리고 고대는 뿌리와 같아 겉은 초라하지만 속에는 생명의 본질을 숨기고 있습니다. 단순하고 소박한 고대의 이야기 속에는 어떤 왜곡에도 흔들리지 않는 진리의 원형이 숨어 있습니다.

자연의 참모습을 보려는 사람은 단순함으로 다시 깨어나야 합니다.

"나는 오랜 세월이 걸려서야 어떤 사실을 깨달았다. 그것은 모든 과학이 객관적으로 볼 때 정말 단순하다는 사실이다. 하지만 이러한 결과는 우리가 이루어 낸 가장 귀중한 성과이다. 과학은 모든 것을 더 이상 단순화시킬 수 없을 때까지 단순화해야 한다."

— 아인슈타인

    나는 나의 인식과 판단 속에서 살아갑니다. 그러나 나는 '나' 속에 갇혀 있습니다. '나'를 구성하는 현대적 사고 체계로는 우주의 시작과 끝을 추론할 수 없습니다. 심지어 우리 자신의 문제인 삶과 죽음의 의미마저 혼란 속으로 빠뜨립니다.
    알을 깨고 나오는 새처럼 '나'라는 껍질을 깨야 합니다. 새로운 '발상의 전환'이 필요합니다.

Never Ending Story

신화와 전설의 아름다운 이야기는 오늘날까지 계속 이어집니다. 결코 끝날 수 없는 이야기이기 때문입니다. 독일의 천재 작가 미하엘 엔데가 쓴 《네버엔딩 스토리》라는 동화를 함께 읽어 봅시다.

환타지엔을 다스리는 동심의 여왕은 원인 모를 병에 걸려 죽어 갑니다. 동심의 여왕은 광대한 환타지엔에 살고 있는 모든 생명의 중심으로, 그녀의 죽음은 곧 환타지엔의 소멸을 뜻합니다.

동심의 여왕과 환타지엔을 구하기 위해 위대한 탐색의 여행을 시작하는 아트레유는 아우린을 목에 걸고 떠납니다. 아우린은 여왕에게 임명받은 자만이 가질 수 있는 증표입니다. 그는 동심의 여왕을 대신해 모든 것을 행사할 수 있습니다. 아우린은 어둡고 밝은 두 마리의 뱀이 서로의 꼬리를 물고 타원으로 연결되어 있습니다.

아트레유는 목숨을 건 여행 끝에 환타지엔을 삼키고 있는

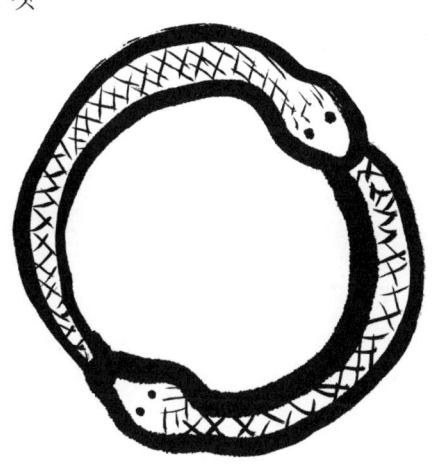

공포가 'nothing(無)'이라는 것을 알게 됩니다. 여행을 마치고 돌아온 그에게 동심의 여왕이 말합니다.

"세상은 환타지엔과 인간계 둘로 나뉘어 있는데, 인간계에서 단 한 사람이라도 이쪽으로 와서 우리에게 새로운 이름을 지어주면 nothing을 퇴치할 수 있어요."

그러고는, "바른 이름만이 모든 생물이나 사물을 참된 것으로 만들 수 있답니다."라며 그 이유를 설명합니다.

이 동화에서 환타지엔은 소멸되지 않고 인간 세계의 한 어린이에 의해 되살아납니다. 환타지엔은 결코 사라지지 않습니다.

환타지엔의 소멸은 곧 인간 세계의 멸망을 뜻하기 때문입니다. 환타지엔은 매순간 속에 영원을 담고 있습니다. 그리고 끝나지 않는 우리들의 이야기입니다.

이처럼 《네버엔딩 스토리》는 nothing과 아우린을 비롯한 놀랄 만한 상징들로 대자연의 변화 원리를 아름답게 이어 나갑니다.

오행의 신화

하늘과 땅이 서로 나뉘기 전에는 모든 것이 뒤섞여 혼돈이라고 불리는 거대한 어둠의 덩어리였다. 여기에서 다섯 가지의 정기(精氣)가 형상을 갖추더니 곧 노인으로 변하였다.
첫 번째로 나타난 사람은 누런 노인으로 흙의 주인이고, 두 번째는 붉은 노인으로 불의 주인, 세 번째는 어두운 노인으로 물의 주인이었다. 네 번째로 나타난 이는 나무 대감[木公]으로 나무의 주인이었고, 다섯 번째는 쇠 어머니[金母]로 쇠의 여주인이었다.
다섯 노인들은 자기들이 생겨난 바탕의 원초적인 정신을 좇았다. 이렇게 해서 물과 땅은 아래로 가라앉았고 하늘은 높이 솟았다. 그리고 물이 모여 강과 호수가 되었고 산과 들도 생겨났다. 연이어 해, 달, 별, 구름, 비, 이슬 등이 생겼다. 누런 노인[黃老]은 순수한 흙의 힘을 운행하게 했고, 불과 물이 여기에 가세했다. 또 풀, 나무, 새, 짐승, 뱀, 곤충, 물고기, 거북이가 나타났다. 나무 대감과 쇠 어머니는 빛과 어둠을 만들고, 인간을 남자와 여자로 만들었다.
세상은 점점 그 모습을 드러냈다.

이 이야기는 오행(五行)이 탄생하는 신화입니다.
혼돈(chaos)은 질서(cosmos)를 낳습니다.

적막무짐(寂寞無朕)한 혼돈이 천지로 나뉘고 형상을 드러내면 곧 질서가 생깁니다.

우주(cosmos)는 질서 속에서 끊임없이 돌아가고 있습니다. 오행은 그 자체가 곧 우주의 질서이며, 자연을 바라보는 동양의 눈입니다.

오행을 통해 세상을 보는 것은 경직된 사고 체계에서 벗어나 본질로 향하는 발상의 전환(paradigm shift)이라 할 수 있습니다.

오행은 원입니다. 오행은 단순합니다.

오행은 진리의 뿌리로 들어가는 문과도 같으며, 상징과 비유로 가득한 신화와 전설을 풀 수 있는 열쇠와 같습니다.

강이 끝나고 산마저 다해

인류 역사의 태동기인 고대로 올라갈수록, 혹은 서양에서 동양으로 돌아올수록 둥근 원을 쉽게 만나게 됩니다.

원은 시작도 없고 끝도 없습니다. 이승에서 저승으로, 저승에서 다시 이승으로 삶과 죽음은 꼬리를 물고 굴러가며, 인간의 세상에서 신들의 세상으로, 신들의 세상에서 다시 인간의 세상으로 끊임없이 이어집니다. 늘어남도 없고 줄어듦도 없으며, 시작도 없고 끝도 없이 돌아가는 원이 동양의 패러다임입니다.

우리 민족 최고(最古)의 경전으로 알려진 《천부경(天符經)》을 봅시다. 천부경은 81자로 이루어져 있으며 일시무시일(一始無始一)에서 시작하여 일종무종일(一終無終一)로 끝납니다. 그런데 그 뜻에서 이미 시작과 끝을 부정하고 있습니다.

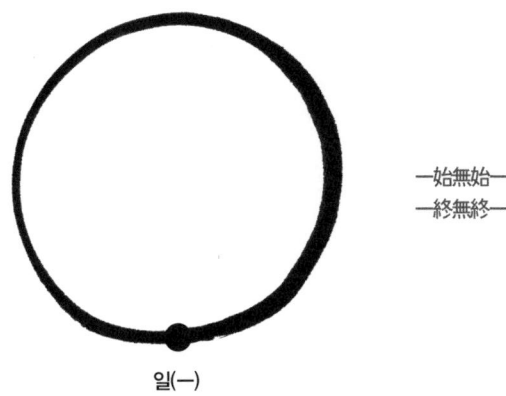

일(一)은 땅속에 묻힌 한 알의 씨앗과도 같습니다. 따뜻한 봄날이 되면 싹을 틔우고 가지를 올려 세상으로의 긴 여행을 떠납니다. 여름과 가을의 둥근 길을 거쳐 겨울이 되면 다시 한 알의 씨앗이 되어 땅속으로 돌아옵니다. 그리고 다시 돌아올 따뜻한 봄을 기다립니다.

계절은 시간의 흐름 속에서 쉼 없이 순환하고, 씨앗은 시간의 물결을 타고 싹으로, 가지로, 꽃으로, 다시 씨앗으로 자신의 모습을 바꾸어 나갑니다. 변하는 것은 환상이며, 늘어남도 줄어듦도 없으며 시작도 끝도 없습니다.

일(一)은 북방의 일태극으로, 우주 전체로 본다면 빅뱅(big bang) 이전의 우주알이라 할 수 있고, 인간이나 동물에게는 수정란과 같은 것입니다.

    水窮山盡疑無路　수궁산진의무로
    柳綠花紅又一村　류록화홍우일촌

강이 끝나고 산마저 다해 이제 길이 없으리라 했는데,
버드나무 푸르고 꽃이 붉으니 또 한 마을이 나타나네.

2장

가면 속의 우주

오행은 시간 속에 끊임없이 굴러가는
굴렁쇠와 같습니다.
또 시작도 없고 끝도 없습니다.
끊임없이 이어지는 질서 속으로
함께 들어가 봅시다.

가면의 계절

벗나무 가지를

꺾어도
벚꽃은 보이지 않네.

그러나 봄이 되면
아아!
가지에 가득한 하얀 벚꽃송이들.

— 일휴*

봄이 왔습니다. 추운 겨울을 나며 황량하게 비어 있던 나무는 가지 끝에 꽃망울을 맺기 시작합니다.

그리고 며칠 뒤, 길을 따라 줄지어 서 있던 벚나무가 일제히 환호하며 수천수만의 꽃송이를 활짝 피웁니다.

겨우내 보이지 않던 이 꽃들은 어디서 온 것일까요?

활짝 핀 꽃들은 또다시 바람에 떨어지고 뒤이어 가지마다 연초록의 잎들이 돋아납니다. 매미 울음소리로 시끄러운 여름 내내 푸

---

* 일휴(一休)는 1394년 일본왕의 아들로 태어났으나 출가하여 가난 속에서 평생을 보내며 150여 편의 시를 남겼습니다. 일본 불교사에 큰 발자취를 남긴 선승(禪僧)으로 추앙받고 있습니다.

른 녹음을 드리우던 벚나무는 찬바람이 돌면서 색이 바래고 가을이 끝날 즈음 옷을 벗듯 잎들을 떨굽니다. 다시 겨울이 오면 벚나무는 침묵 속으로 빠져 듭니다.

   벚나무는 일 년이라는 시간 속에서 자기의 모습을 끊임없이 바꾸고 있습니다.

   하늘과 땅의 뜻을 알고 있는 이를 지도지사(知道之師)라고 합니다. 농부는 천지가 이루고 있는 원을 몸으로 체득하고 있는 도의 스승입니다.

   농심(農心)이 되어 마늘 한 쪽을 땅에 심어 봅시다. 며칠이 지나면 마늘은 뿌리를 내리고 반대쪽으로는 싹을 올립니다.

   변화는 그것으로 그치는 것이 아닙니다. 끊임없이 자기의 모습을 바꾸어 마침내 마늘 여섯 쪽이 뭉쳐진 둥근 뿌리를 이룹니다.

   뿌리를 쪼개어 한 쪽씩 다시 심어 봅시다. 역시 동일한 시간의 순서에 따라 같은 과정을 거칩니다.

   땅에 심어 싹이 트고 무성해지고 성숙해지고…….

   다른 씨들을 심어도 마찬가지입니다.

   쌀, 콩, 보리, 고구마, 감자 등등.

   일 년을 주기로 질서 있게 모습을 바꾸어 갑니다.

   마치 정해진 가면을 순서대로 바꾸어 쓰는 것과 같습니다.

우주는 숨겨져 있다

가면은 하늘에 떠 있는 정처 없는 구름과도 같습니다. 그러나 가면을 바꾸는 데는 규칙이 있습니다.

가면은 말 그대로 허상(虛像)이지만 질서 속에서 변하고 있습니다. 그 질서는 크게 네 가지로 나뉩니다.

땅 위로 싹을 틔워 자라고[生],

무성해지고[長],

씨나 열매를 맺고[收],

다시 씨나 열매가 땅에 떨어져 숨는[藏], 네 가지의 규칙입니다.

이 네 가지 규칙은 우주가 걷고 있는 걸음걸이의 기본으로서 무생물부터 식물, 동물, 인간에 이르기까지 모든 존재가 따르고 있는 것입니다.

구름 역시 마찬가지입니다. 구름도 생겨나서[生] 하늘을 덮고[長] 비가 되어[收] 땅속으로 사라지는[藏] 과정을 반복하고 있습니다.

이처럼 생장수장(生長收藏)은 끊임없이 변화하는 자연의 발자취입니다.

누우면 자고 싶다

우리는 흔히 이런 이야기를 합니다.

"뛰면 걷고 싶고, 걸으면 쉬고 싶고, 쉬면 앉고 싶고, 앉으면 눕고 싶다. 그리고 누우면 자고 싶다."

하지만 여기서 끝나지 않습니다. 자면 깨고 싶은 것이 본성입니다. 깨면 앉고 싶은 것 또한 본성입니다. 앉으면 일어나고 싶고, 일어나면 걷고 싶고, 걸으면 뛰고 싶은 것입니다.

변화(變化)의 본뜻은 음변양화(陰變陽化)입니다. 변(變)과 화(化)를 합쳐서 대표적으로 '化'라고 합니다. '化'란 한 곳에서 다른 곳으로 옮겨 가는 과정의 중간 마디를 의미합니다.

이러한 마음의 변화는 누구나 느낄 수 있는 것으로서 한 세계에 '머물지 않으려는 본성'이라 할 수 있습니다.

바로 이 '머물지 않으려는 본성'이 생장수장의 네 가지 걸음걸이를 역동적으로 움직이게 합니다. '머물지 않으려는 본성'은 네 가지 걸음걸이 중 어디에도 치우치지 않고, 속에 숨어서 변화를 일으키는 주인공입니다.

이 본성은 네 가지 걸음걸이 속에 숨어 있는 또 다른 형태의 걸음걸이로, '화(化)'라고 이름 지었습

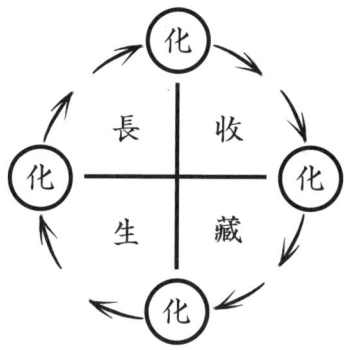

니다. 변화를 뜻하는 것이지요. 가면을 쓰고 춤을 추고 있는 자의 마음을 '화(化)'라 하는데, 그 마음은 한 가지 춤만을 고집하지 않고 정해진 순서에 따라 여러 가지로 바꾸려 합니다.

그래서 우주가 흘러가는 과정은 생장수장에 화(化)가 합쳐져, 네 가지 가면을 쓰고 다섯 가지 걸음을 걷고 있는 것입니다.

인생의 걸음걸이

우리는 《음양이 뭐지?》에서 모든 존재는 음양으로 이루어져 있다는 것을 알아보았습니다. 우리가 살아가는 인생의 걸음걸이도 마찬가지입니다. 오른발은 음이 되고 왼발은 양이 되어 걸어가고 있습니다.

그런데 우리의 삶은 둥근 원을 걸어가는 것과도 같습니다. 인생의 전반기는 산을 타고 올라가듯 상승하는 것이고, 후반기는 산꼭대기에서 내려오듯 하강하고 있는 것입니다.

한 알의 밀알이 땅속에서 출발하여 봄과 여름 동안 위로 자라다가 가을이 되면 성장을 멈추고, 겨울에는 다시 땅속에 묻히듯, 우리의 인생도 시간의 원운동을 거쳐 출발점으로 되돌아옵니다.

도는 원이 그리고 있는 바로 그 길입니다. 우주나 자연은 항상 스스로 둥근 원을 그리고 있습니다. 그러나 인간의 마음은 원[道]과 원 밖[外道]에서 끊임없이 갈등합니다.

처음 출발한 점에서 원의 과정을 거쳐 다시 그 점으로 돌아올 때 어떻게 걸어가는 것이 가장 현명하

도(道)는 글자 그대로 辶 (辶→辵 쉬엄쉬엄 갈 착) 과 首(머리 수)가 합쳐진 글자입니다. 여기서 착(辶→辵)은 잠시 가다가 머무는 것을 의미합니다.

고 빠른 지름길일까요?

   길[道]을 걷는 데 있어 왕도는 완전한 원을 그리며 선 밖으로 나가지 않는 것입니다.

도(道)와 같은 뜻으로 로(路)가 있습니다. 둘 다 길을 뜻하지만 하나는 다리[足]로 가는 길이고, 하나는 머리[首]로 가는 길입니다. 즉 道는 머리로 가는 길로서 그냥 한없이 걸어가는 길이 아니라 가다 머물고 머물렀다 다시 가는 것입니다. 가다가 머무는 것은 길일까요? 아니면 길을 걷고 있는 존재일까요? 도(道)란 머물 수도 갈 수도 있는 자율 속에 내재하는 자유의 길입니다.

길을 가는 다섯 걸음

生長化收藏은 시간의 다섯 걸음걸이이고, 木火土金水는 공간의 다섯 걸음걸이입니다.
이처럼 시공(時空)으로 나누어 설명할 수 있지만 일반적으로 혼용하여 쓰고 있습니다.

우주는 스스로 원만해지기 위해 다섯 가지의 걸음걸이를 개발했습니다. 이 걸음걸이를 동양에서는 木, 火, 土, 金, 水라 통칭해서 오행이라고 불렀습니다. 즉 오행은 우주가 길[道]을 가는 다섯 가지 걸음걸이인 동시에 원을 순환하는 행동 규범인 것입니다.

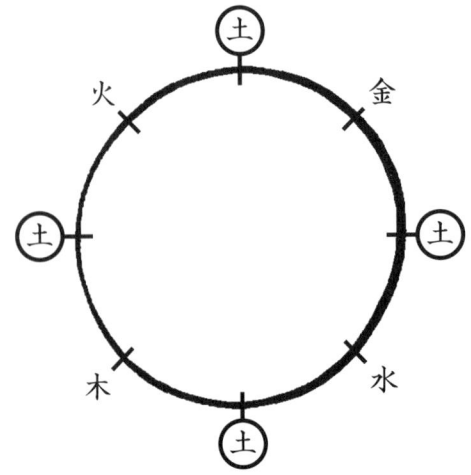

土는 木火金水가 사는 땅이며 토양입니다.

우주는 어떻게 걸을까

우주는 다섯 가지의 걸음걸이를 통해 끊임없이 변하고 있습니다. 그 변화 과정을 수축과 팽창의 운동 원리를 통해 살펴봅시다.

먼저 음과 양으로 봅시다.

우주는 음과 양이 맞물려 있는 거대한 태극체로서 양의 과정에서는 팽창하며 물질과 에너지를 흩고, 다시 음의 과정에서는 물질과 에너지를 모으고 있습니다.

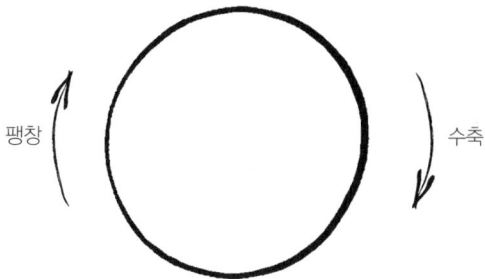

어디 하나 모나지 않은 원이지만 그 속을 들여다보면…….

이러한 운동 과정은 둥근 원의 순환 형태로 이루어지는데, 끝없이 팽창해 폭발하거나 한없이 수축해 없어지지는 않습니다.

원을 따라서 수축과 팽창이 끊임없이 반복되고 있는 것입니다.
이번에는 좀 더 나누어 오행으로 봅시다.

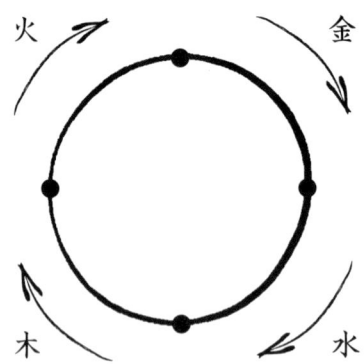

팽창의 1단계는 처음에 한 방향으로 뚫고 나오는 힘을 말하는데, 그 힘의 과정을 목(木)이라 합니다. 팽창의 2단계는 화(火)를 지칭하는 것으로, 목(木)을 통해 한 방향으로 뚫고 나온 힘이 사방팔방으로 무질서하게 흩어지는 과정입니다.

또한 수축의 1단계는 금(金)입니다. 금(金)은 한없이 흩어져 더 이상 흩어질 수 없는 상태까지 분열된 화(火)를 거두어 수렴하는 과정입니다. 수축의 2단계는 수(水)이며, 금(金)을 통해 수렴되면서 외부만 굳어진 것을 그 속까지 단단하게 응고시켜 한 점으로 통일하는 과정입니다.

이러한 네 가지 변화 과정은 쉽게 이루어질 것 같지만 그 이면을 들여다보면 고통 속에서 이루어지는 것을 알 수 있습니다. 팽창하는 목(木)과 화(火), 수축하는 금(金)과 수(水)는 제각기 자기의 운동 상태를 유지하려는 성질이 있기 때문입니다.

목(木)은 끊임없이 뚫고 나가고 싶어 하는 것이고,
화(火)는 끊임없이 흩어지고 싶어 하는 것이며,
금(金)은 끊임없이 모으고 싶어 하는 것이고,
수(水)는 끊임없이 단단해지고 싶어 하는 것입니다.
이러한 木火金水를 부드럽게 달래 주며 중재하는 것이 있는데, 그것이 바로 토(土)입니다. 즉 토(土)는 木火金水 변화 과정의 각 마디에 존재하면서 자기의 주장은 전혀 내세우지 않고 수축과 팽창의 원운동이 순조롭게 일어날 수 있도록 도와주고 있는 것입니다.
우주가 직선 운동을 하지 않고 원운동을 하는 것은 전적으로 토(土)의 도움 덕분입니다.

> 木火金水를 봄, 여름, 가을, 겨울로 바꾸어 생각해 보세요. 혹은 이야기의 기승전결, 인생의 변화 과정 [幼少壯老] 등으로 바꾸어 봅시다.
> 개념은 실제로 응용될 수 있어야 가치가 있는 것입니다.

목(木)은 나무가 아니다

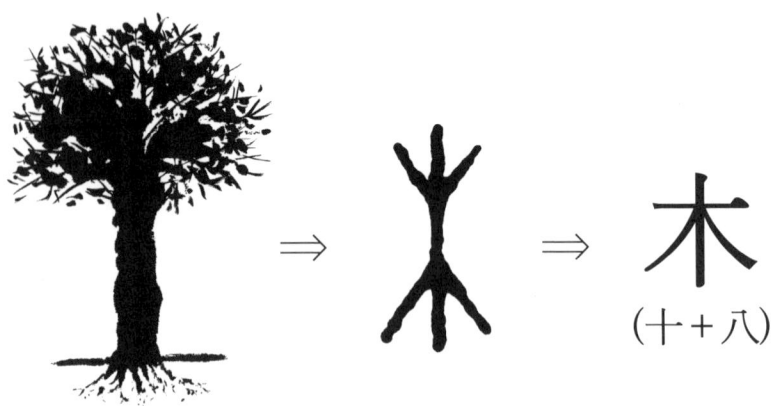

'木'이라는 글자가 최종 완성되기까지는 수많은 추상화가 개입된 흔적이 있습니다. '木'으로 그려진 그림의 시작은 나무의 형상에서였지만 오늘날 우리가 쓰고 있는 木이 10+8(十+八→木)이라는 모습으로 최종 완성된 것은 동양의 상수학(象數學)이 이루어 낸 걸작입니다. 동양의 상수학을 알지 못하고는 한자의 추상 의미를 완벽히 알아내기는 불가능합니다.

나무를 보고 木이라는 글을 만들어 가는 과정입니다. 이 과정을 자세히 보면 추상화가가 나무를 보고 추상(抽象)하여 그림을 그리는 과정과 비슷합니다.

화가는 나무의 구체적인 모습을 관찰해 속성만을 뽑아 캔버스에 옮깁니다. 나무의 구체적인 모습이 추상화가의 그림에는 木으로 그려졌습니다.

火土金水 역시 木과 동일한 방법으로 그려진 추상화입니다. 즉 고대에 한문을 만들 때 탁월한 화가

가 나무와 불, 흙, 쇠, 물의 모습을 보고 그 속성을 추상한 결과 木火土金水라는 모양의 그림을 그리게 된 것입니다.

추상(抽象)이란 현실 속에 숨어 있는 코끼리[象]를 뽑아내는 것을 말합니다.

원래 나무는 스스로 태극체를 형성하며, 목화토금수의 모든 기운이 다 들어 있습니다. 그 종류 또한 다양합니다. 침엽수도 있고 활엽수도 있으며, 더운 지방에서 잘 자라는 것, 산에서 자라고 있는 것 등 여러 가지가 있어도 나무는 나무입니다.

그러나 나무를 나무라 하지 않고 목(木)이라 일컫는 것은 나무가 가지고 있는 특성이 '자란다'에 있기 때문입니다.

논리학에는 내포와 외연이라는 개념이 있습니다. 나무는 목(木)의 개념을 내포하고 있을 뿐입니다.

    나무에서 木의 속성을 보고,
    불에서 火의 속성을 보고,
    흙에서 土의 속성을 보고,
    쇠에서 金의 속성을 보고,
    물에서 水의 속성을 봅니다.

가면속의 우주 45

《음양이 뭐지?》의 '밝혀지는 우주'에서는 주인과 손님의 개념을 알아보았습니다. 木火土金水도 주인과 손님의 개념을 응용하면 그 뜻이 더욱 소상해집니다.

오행의 첫째 걸음인 木은 생(生)의 과정입니다.
그런데 나무를 봅시다. 나무의 특성은 어디에 있을까요? 바로 '자란다'에 있습니다. 나무는 죽을 때까지 끊임없이 하늘로 자라납니다. 즉 나무를 볼 때 나무의 주인은 자라나는 '生'의 뜻을 가장 많이 가지고 있는 것으로 보고 생의 과정을 木이라 한 것입니다.

둘째 걸음인 火는 장(長)의 과정입니다.
불은 자기의 형체를 무질서하게 흩고 있습니다. 마지막 힘이 소진될 때까지 끊임없이 자신을 발산하는 특성을 보고 불의 주인은 長의 뜻이 가장 많다고 본 것입니다.

셋째 걸음인 金 역시 수(收)의 과정을 대표하는 것입니다.
쇠로 만든 밥솥이 불의 열기를 모아 쌀과 물을 데웁니다. 전기 역시 구리나 금속을 잘 모을 수 있습니다. 쇠의 주인은 모으는 것이 특징입니다.

넷째 걸음인 水는 장(藏)의 과정입니다.

물을 통하면 모든 것이 하나가 됩니다. 시멘트도 진흙도 물기가 있어야 합쳐지고 굳어집니다. 땅속에 숨은 씨앗처럼 물은 알기 어려운 존재이지만 물의 주인은 단단해지려는 성질이 특징이며 장(藏)의 뜻이 가장 많습니다.

그러면 이면의 걸음걸이인 토(土)는 어떤 특성을 지니고 있을까요?

土는 化를 이루는 과정이라고 했습니다. 木火金水가 나무와 불, 쇠, 물로 그 특성을 발현하는 곳이 바로 흙입니다.

흙은 木火金水를 품고 있으며 변화를 일으키는 특징을 지니고 있습니다. 그 특징을 추상(抽象)하여 土라고 하는 것입니다.

점, 직선, 평면, 입체, 그리고 시간

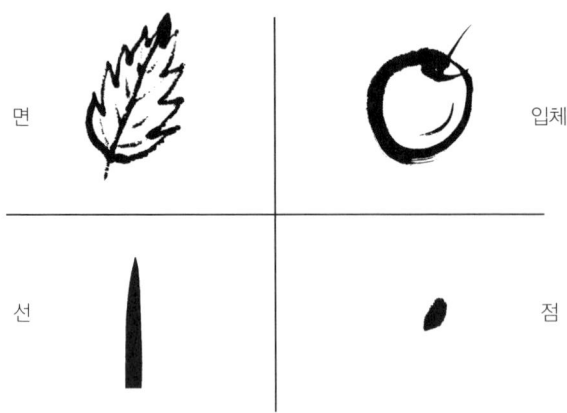

시간은 어디 있을까요?

水부터 설명해 봅시다. 水는 공간적으로 보면 하나의 점과 같습니다. 현실적으로 水의 모습을 볼 수 있는 것은 겨울에 땅속에 묻힌 씨앗입니다. 땅속에 묻힌 씨앗과 그렇지 않은 씨앗은 전혀 다릅니다. 땅속에 묻힌 씨앗을 水라 하면, 가을에 수확하여 땅속에 묻히기 전 상태의 씨앗은 金이라고 할 수 있습니다.

水는 하나의 점으로 수축된 상태를 말하는 것으로 씨앗이 땅속에 묻혀 씨앗의 양기(陽氣)가 하나의 점으로 완전히 뭉쳐졌을 때 비

씨앗
외면만 수축되어 金의
상태를 보여줍니다.

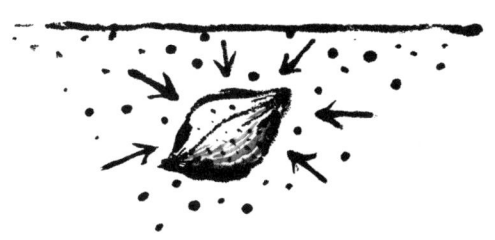

땅속에 묻힘으로써 비로소
水의 상태가 됩니다.

로소 水라고 할 수 있기 때문입니다. 일점으로 통일된 水는 그 결과 상승하는 木의 힘을 얻을 수 있는 것입니다.

水는 완전히 뭉쳐진 일점입니다.
일점으로 뭉쳐진 水가 더 이상 수축할 수 없을 정도로 완전히 뭉쳐졌을 때 비로소 따뜻한 날씨의 도움을 받아 수축에서 다시 팽창의 과정으로 역학적 방향을 바꾸게 됩니다.

하나의 점이 팽창하는 첫째 과정은 화산과도 같습니다. 지각의 가장 약한 부분을 골라 한 줄기로 뿜어져 나오듯 싹이 돋는데, 그 과정을 木이라 합니다. 木의 모양을 잘 보여주는 죽순을 보면 송곳처럼

서양의 차원(次元) 개념을 동양과 비교해 봅시다. 서양에서는 선(線)은 1차원, 면(面)은 2차원, 입체는 3차원, 입체에 시간이 개입되면 4차원이라고 규정하고 있습니다. 그러나 동양에서는 점은 1차원, 선은 2차원, 면은 3차원, 입체는 4차원이라고 할 수 있으며, 시간이 1~4차원을 움직이는 원동력이라고 봅니다. 동서양이 모두 같은 것을 이야기하고 있지만, 서양과는 달리 동양은 4차원의 입체 세계가 시간이 지나면 다시 1차원인 점(点)의 세계로 수축 통일된다고 생각합니다.

생겼는데, 원뿔형이 되는 것은 金의 견제*에 의한 것이고, 木의 본성은 뾰족한 죽순의 끝에 있습니다. 즉 木은 직선으로 뻗어 나가려 하는 특성이 있는 것입니다.

그 다음으로 火는 木이 더 이상 직선 상태로 밀고 나가지 못할 때 그 힘이 사방으로 흩어져 버리는 모습입니다. 흩어지는 힘이 현상계에 나타날 때에는 납작하게 펼쳐집니다. 가지 끝에 달린 잎에서 火의 상태를 관찰할 수 있는데, 잎은 옆으로 넓게 퍼져 얄팍한 火의 본성을 잘 보여주고 있습니다.

다음으로 흩어진 火를 수렴시켜 성숙해지는 모습은 열매나 씨에 나타나 있습니다. 열매나 씨는 金을 보여줍니다. 열매나 씨는 표면만 굳어 있고 속은 아직 반발하는 火가 남아 있는 상태입니다.

평면의 상태로 바쁘게 흩어져 버렸던 火가 찬바람을 만나 수렴되면서 비로소 우주는 입체의 형태를 띠게 됩니다. 점과 선, 평면을 거쳐 가을의 모습이 완성되는 것입니다. 나무는 가을이 되어서야 마침내 뿌리와 둥치와 가지, 잎, 열매 등 자신의 모든 것을 보여줍니다.

마지막으로 土는 무엇을 하나요?

---

* '금의 견제'는 대화를 뜻합니다. 木火金水의 걸음걸이가 한곳에 머물지 않고 자꾸 변화하려는 것은 土가 가지고 있는 '化'라는 특징 때문입니다. 化에는 '자화(自化)'와 '대화(對化)'가 있습니다. 자화는 상생에서 일어나고 대화는 상극에서 일어납니다.

土는 木火金水의 고리를 이어주어 우주가 순환하게 합니다.

즉 원을 이루는 원동력인 것입니다. 우리는 《음양이 뭐지?》에서 시간과 공간을 이야기하면서 원은 시간에서 나온다는 것을 알아보았습니다. 木火金水를 공간의 질료(質料)로 보았을 때 土는 그 이면에 원으로 흐르고 있는 시간인 것입니다. 우주는 水木火金의 차원을 횡축, 土의 차원을 종축으로 하여 끊임없이 돌아가고 있습니다.

철쭉꽃 먹고 비틀비틀

> 붉은 바윗가에
> 손에 잡은 어미 소 놓고
> 나를 부끄러워 아니하면
> 꽃을 꺾어 드리리라.
>
> ― 〈헌화가〉

〈헌화가〉는 신라 성덕왕 때 암소를 몰고 가던 노인이 벼랑에 핀 철쭉꽃을 뜯어 아름다운 수로 부인에게 건네며 불렀던 소박한 노래입니다.

철쭉은 오행의 실상을 잘 보여주고 있습니다. 철쭉이란 '척촉(躑躅)'이라는 한자에서 차음(借音)한 것으로 비틀거리면서 걷는다는 뜻입니다. 옛날에 양(羊)이 철쭉꽃을 뜯어먹고는 비척거리며 불안하게 걷다가 결국 쓰러져 버리더라는 고사(古事)에서 척촉화(躑躅花)라는 이름을 붙였던 것입니다.

오행(五行)에서 五는 다섯 가지, 行은 걸음걸이를 뜻하는 것입니다. 그런데 行의 본뜻은 'ㅓ'자와 'ㅜ'자가 합쳐진 것으로 'ㅓ'은 자축거리며 걸을 '척' 자이며 'ㅓ'은 양감질 '촉' 자입니다. 힘겹게 걷는다는 말입니다.

즉 우주의 다섯 걸음걸이는 저절로 되는 것이 아닙니다. 원을 순환하는 걸음걸음마다 철쭉의 향기로 어지럽습니다.

철쭉꽃을 뜯어먹은 양처럼 木火土金水의 걸음이 지나치거나 부족할 수 있고, 때로는 적당하게 걸어가게 됩니다.

오행을 통해 원을 순환하는 우주의 걸음걸이에서 '철쭉'에 의한 태과불급(太過不及)이 있듯이 인간의 삶 역시 힘겹게 걸어가기는 마찬가지입니다.

3장
오행의 춤

앞에서 오행의 기본적인 개념을
살펴보았습니다.
이제 木火土金水의 각각의
설명을 통해 그 개념을 더욱
자세히 알아봅시다.

하나; 목(木) – 생명의 탄생

자궁 속에서 열 달을 지내다 드디어 '출세(出世)'하려는 아이 앞에 놓여 있는 것은 좁고 어두운 산도(産道)입니다. 고작 10cm밖에 안 되는 길이지만 수 시간에 걸친 출세 과정은 절묘하기 이를 데 없습니다.

산도(産道)를 돌면서 탄생하는 아이

둘레가 약 33cm 정도나 되는 머리를 최대한 수축시키며 우선 몸을 굽힌 태아는 머리 부분을 시계 방향으로 틀며 서서히 앞으로 나아갑니다. 그러고 나서 머리가 빠져 나오게 하기 위해 고개를 들고 목을 폅니다. 이렇게 해서 머리는 산도에서 빠져 나오고, 그 다음 동작으로 어깨는 시계 반대 방향으로 틀며 빠져 나옵니다. 비록 10cm 길이의 짧은 길이지만 몇 시간에 걸친 긴장감 넘치는 탄생의 과정입니다.

그런데 여기서 우리가 주의 깊게 보아야 할 것은 태아가 좁은 길을 가장 효율적으로 나오기 위해 선회(旋回)라는 방법을 선택하고 있다는 사실입니다.

木에는 두 가지가 있습니다. 하나는 갑(甲)이고 또 하나는 을(乙)입니다. 甲은 양이고 乙은 음입니다. 어렵게 생각할 것 없이 '자라나기'라는 木의 걸음걸이에서 왼발을 내디디면 甲, 오른발을 내디디면 乙이라고 할 뿐입니다[지지(地支)로 보면 인묘(寅卯)라고 합니다].

오행의 춤 57

천간(天干)은 실체를 찾는 것이고, 지지(地支)는 실체에 의해 변화되는 기(氣)의 흐름을 추적하는 것입니다(제3권 《음양오행으로 가는 길》을 참조하세요).

태아의 출생 과정은 木의 본성을 그대로 보여주고 있습니다. 겨울의 응고력을 통해 일점으로 충양(充陽)된 씨앗(혹은 우주)이 봄을 맞아 木으로 솟아오를 때 그냥 일직선으로 나오는 것이 아니라 나선의 운동 방향을 선택합니다.

우리의 시각으로는 단순한 직선처럼 보일 수도 있지만 木의 운동은 알고 보면, 땅을 뚫고 하늘로 솟구치기 위해 나선형의 몸부림을 치고 있는 것입니다.

《서경(書經)》의 홍범(洪範)에서는 木을 곡직[木曰曲直]이라고 했습니다. '곡직(曲直)' 이란 생명력이 일어나는 모습을 그린 말입니다. 즉 木이란 생명력이 대지를 뚫고 한줄기로 뻗어오를 때[直] 힘을 효율적으로 활용하기 위해 몸을 뒤틀며[曲] 일어서는 것을 말합니다.

이러한 특성은 우리 주위에서도 볼 수 있습니다. 구멍을 뚫을 때는 드릴을 사용합니다. 벽을 뚫는 드릴에는 나선형의 홈이 패어져 있습니다. 나사목도 마찬가지입니다. 나선 운동은 힘을 가장 효율적으로 쓸 수 있도록 합니다.

총알은 어떻습니까? 총알이 공기 속을 뚫고 가장 멀고 빠르게 날아가기 위해서는 회전을 해야 합니다.

木은 우리의 시각에는 직선[直]으로 보이지만 그 이면에는 곡선[曲]을 그리고 있습니다.

골뱅이와 덩굴식물

성장하는 과정에서 나선 운동을 보여주는 것이 있습니다. 골뱅이나 소라가 그것입니다. 주점에서 술안주로 나오는 골뱅이를 예로 들어보겠습니다.

골뱅이를 안주 삼아 먹으면서 회전 방향을 살펴봅시다. 언뜻 봐서는 시계 방향인지 시계 반대 방향인지 알 수 없습니다. 하지만 여러분이 골뱅이가 되어 껍데기 속에 들어 있다고 생각해 보세요.
골뱅이가 된 사람이 껍데기 밖으로 나오려면 어떻게 해야 할까요?
시계 방향으로 빙글빙글 돌면 됩니다. 이것이 바로 木이 왼쪽으로 돌며 상승해 나오는 모습입니다 (左旋而上升). 시계 반대 방향으로 돌면 골뱅이는 다시 속으로 들어갑니다.

덩굴식물들도 나선으로 나무 둥치를 감으며 자랍니다. 마당에 핀 나팔꽃을 생각해 보세요. 나무줄기

골뱅이나 소라는 木의 양기(陽氣)보다는 木의 음기(陰氣)가 강합니다. 즉 음이 주인이고 양이 손님입니다. 골뱅이와 소라는 木의 양기가 강한 사람에게는 약이 되지만 木의 음기가 강한 사람에게는 적합하지 않습니다.

기준점
좌선(左旋) 방향
(시계 방향)

기준점
우선(右旋) 방향
(시계 반대 방향)

여기서 좌우란 북방을 중심으로 하여 회전의 방향을 관찰하는 것입니다.

를 감으며 부지런히 올라가고 있습니다. 나팔꽃은 어느 방향으로 감고 올라가고 있나요? 나팔꽃의 뿌리가 있는 땅에서 줄기가 뻗어 올라가는 하늘 쪽을 보며 시계 방향인가, 시계 반대 방향인가를 보는 것입니다. 골뱅이와 마찬가지로 시계 방향으로 감고 올라가고 있습니다.

자라는 것과 관련된 木은 대부분 시계 방향으로 돌며 나아가고 있습니다.

생명력을 기르려면

우주를 걷는 다섯 걸음걸이 중 木은 오로지 '살려는' 생(生)의 뜻을 가지고 있습니다.

이러한 木의 힘을 가장 좁은 면적에 가장 많이 저장할 수 있는 것이 나선 구조입니다.

나선은 용수철과 같은 구조입니다. 용수철을 눌러 보세요. 여러분이 누른 힘은 용수철 속에 모두 저장됩니다. 이는 에너지가 가장 효율적으로 모여 있는 모습입니다.

그런데 눌려진 용수철에 저장된 에너지가 보입니까?

그럴 수는 없겠지요. 우리가 용수철에 저장한 것은 눈에 보이는 물질이 아니고 보이지 않는 힘이기 때문입니다. 즉 木의 '살려는' 힘은 눈에 보이지 않는 것입니다.

서양 의학은 우리 몸의 세포에 들어 있는 DNA의 구조를 밝혀냈습니다. 그 구조는 이중

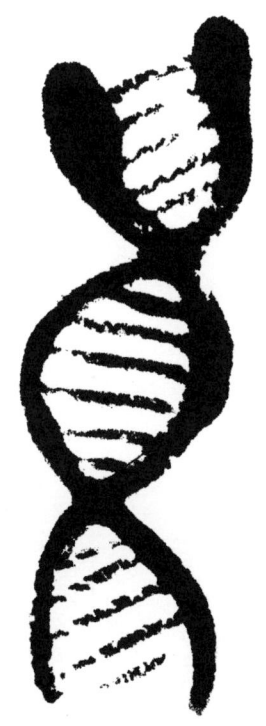

DNA의 이중 나선 구조

나선 구조입니다.

　나선 구조를 이루고 있는 개개의 물질 조합은 각각 다른 유전 정보를 저장하고 있습니다. 유전 정보 역시 보이지 않는 힘입니다. 보이지 않는 정보를 세포 하나하나마다 모두 저장하기 위해 용수철과 같은 나선 구조를 하고 있는 것입니다.

태극 속에 사는 새

콩의 단면을 봅시다.

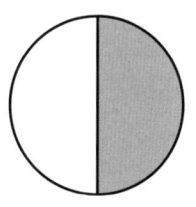
콩
(정지된 태극체)

잘려진 콩은 비록 직선으로 좌우가 나뉘어져 있지만 배(胚; 씨눈) 속에 간직된 보이지 않는 생명력은 용수철 같은 나선 구조로 이루어져 있습니다.

콩뿐만 아니라 모든 씨앗들은 땅속에 묻혀 水의 응고력을 받기 이전에는 정지된 태극체로 생명력의 곡선이 없는 상태로 존재합니다. 손 위에 올려놓은 콩은 그 내부에 木의 생명력을 감추고 있을 뿐 아무런 변화도 없습니다.

《음양이 뭐지?》에서 농구 시합을 예로 들었듯이 아직 휘슬을 불기 전의 상태입니다. 땅에 떨어져 묻히면서 땅의 강한 압박을 받는 순간 비로소 용수철처럼 튀어 오르는 힘이 생기는 것입니다. 이때 대지에 따사로운 햇살까지 내리쬐면 콩 속의 생명력은 더욱 강하게 솟아오릅니다. 마침내 견고한 지각을 뚫고 자라나는 콩은 지각의 견제력에 의해 더디게 올라오며 골뱅이처럼 몸을 비틀게 됩니다.

봄은 생명력이 솟아오르는 계절입니다. 봄은 영어로도 'spring (용수철, 튀어 오르다)'이라 하여 봄의 본질을 말해 줍니다.

동양에서는 봄의 기운을 乙(새 을)로 표현하는데, 乙은 몸을 비틀며 회전하는 생명력의 꿈틀거림을 그대로 도형화한 것입니다.
정지된 태극이 水의 과정을 거치면서 눌리게 되면 회전을 하며 약동합니다. 자! 다시 태극도를 봅시다.

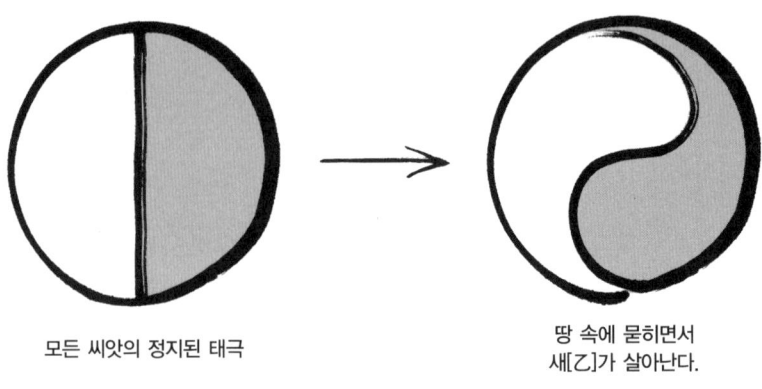

모든 씨앗의 정지된 태극   땅 속에 묻히면서 새[乙]가 살아난다.

木이란 태극 속에 잠자던 새[乙]가 따뜻한 봄을 맞아 알을 깨고 솟구치는 것입니다. 나선의 춤을 추면서…….

둘; 화(火) - 열정의 젊은 시절

어느 날 여러분의 동생은 변해 버립니다. 코흘리개로만 여겼던 녀석이 목소리도 변하고 얼굴에는 화산의 분화구처럼 여드름이 돋아납니다. 유난히 거울을 자주 들여다보며 머리에 무스를 바르기도 하며 이리저리 매만집니다.

어디 그뿐입니까? 매스컴의 화려한 스포트라이트를 받는 가수나 탤런트, 심지어 외국 배우 사진을 보물처럼 가지고 다니며 짝사랑합니다. 어른들 귀에는 소음처럼 시끄러운 노래를 부르는 가수의 콘서트에 가서 거의 실신할 정도로 감격하며 눈물을 흘리는 친구들도 있습니다.

고등학교를 졸업하고도 마찬가지입니다. 지나가다 혹은 미팅에서 한번 만나고는 혼을 빼앗기고 '진실한 사랑, 순수한 사랑'을 외치며 열정을 불태웁니다. 이들의 불타는 마음을 식히기는 참으로 어렵습니다.

어떤 친구들은 사회의 부조리에 정면으로 대항합

火에도 두 가지가 있습니다. 하나는 丙이고 또 하나는 丁입니다. 걸음을 걸을 때 왼발은 丙, 오른발은 丁이 됩니다.
중요한 사실은 오행의 다섯 걸음은 항상 '왼발' 부터 내딛게 된다는 것입니다.[지지로는 사오(巳午)라고 합니다.]

《서경(書經)》의 홍범(洪範)에서는 火를 염상[火曰炎上]이라고 하였습니다.
'염상(炎上)'이란 불길이 위로 타오르는 모습을 의미하는 말입니다.
불은 가까이 할 수 없을 정도로 뜨겁고 밝으며 강렬하지만 만져 보면 아무 것도 잡히지 않는 빈껍데기일 뿐입니다.

니다. "계란으로 바위를 치는 짓이다."라고 말려도 "바위는 깨뜨릴 수 없겠지만 얼룩은 남길 수 있다."고 하며 불나방처럼 자신을 던집니다. '이 일이야말로 이 땅의 젊은이가 해야 할 위대한 순수이며 참된 용기다.'고 생각하면서 말입니다.

이들의 관심은 어디에 있는 것일까요?
이들의 사고는 어떤 모양일까요?
동양은 젊음을 타오르는 불의 시대라고 이야기합니다.

화려해도 실속 없는 젊은 여름날

여름철에 시원하게 솟아오르는 분수를 보십시오. 꼭지에서 출발한 물은 처음에 한 줄기로 솟아오르다가 점차 힘을 잃고 사방으로 흩어지면서 포물선을 그리며 떨어집니다.

분수의 시원함과 화려함은 사방으로 흩어지는 데 있습니다.

물방울이 펼쳐진 상태는 꼭지에서 분출하던 힘을 거의 다 잃은 상태지만 분수가 보여주려는 화려함의 전부입니다.

어머니의 뱃속에서 힘차게 튀어나온 태아의 분출력[木]은 17세를 전후로 화려하게 흩어지기 시작합니다.

출생 이후 약 16년간 죽순처럼 뾰족하게 상승하던 힘이 사방으로 흩어지며 신체의 표면까지 확산됩니다.

얼굴에 여드름이 돋아나기 시작하며 모든 관심이

동양에서는 16년을 단위로 하여 나이를 나누었습니다.
8×2=16년을 한 단위로 하여
유년기(1~16),
청년기(17~32),
장년기(33~48),
노년기(49~64)로 나눕니다.

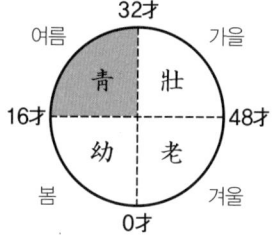

총 8×8=64才를 인생의 기본 순환으로 봅니다.

여자의 경우는 7×8=56 才를 기본 순환으로 보는데, 7×7=49才 전후에 폐경(閉經)이 찾아옵니다. 14才를 전후로 월경(月經)이 시작됩니다.

```
        28才
     青 │ 壯
14才 ─────┼───── 42才
     幼 │ 老
         │  49才
         0才 (폐경)
```

외모에 집중됩니다.

자연히 속은 비고 겉은 화려한 젊은 날의 여름이 펼쳐지는 것입니다.

자 이제, 우주의 행보에서 木을 거쳐 火의 걸음걸이로 들어왔습니다.

칡을 여름에 캐면

겉이 화려해지면 속이 공허하다는 것은 무슨 말일까요?

나무를 봅시다. 봄이 되면 '물이 오른다.'고 하여 줄기를 따라 물이 상승합니다. 여름이면 잎사귀까지 물이 올라갑니다. 다시 가을이 되면 줄기를 따라 물이 내려오고 그 결과 나뭇잎이 떨어집니다. 한겨울에는 뿌리 속에 물이 숨어 버립니다.

여기서 나무의 마음을 생각해 봅시다.

나무는 항상 자기가 관심 있는 곳에 물을 보냅니다. 여름에는 나뭇잎에 관심이 있어 나뭇잎으로, 겨울에는 뿌리에 관심이 있어 뿌리 속으로 보냅니다. 한여름에 나뭇잎이 무성하고 나무의 물들이 나뭇잎 끝까지 올라왔을 때 그 나무의 뿌리는 공허합니다.

다소 관념적인 것 같습니까?

그렇다면 칡을 예로 들어 봅시다. 칡뿌리는 여름에 캐면 약이 되지 않습니다. 여름이면 칡은 화려한 외모에 모든 관심이 쏠려 있어 사방으로 펼쳐진 덩굴과 잎에 물이 가 있기 때문입니다. 그 결과 칡의 뿌리는 몹시 공허합니다. 그래서 시골에서는 여름에 캔 칡뿌리를 '알이 다 빠졌다.'고 합니다.

실제로 여름에 칡을 캐면 뿌리가 홀쭉하고 섬유질만 남아 있어 여름의 실체는 양중(陽中)의 음(☲ ○ : 겉+ 속−)으로 추상하고, 겨울의 실체는 음중(陰中)의 양(☵ ⊙ : 겉− 속+)으로 추상합니다. 문왕팔괘에 이러한 사실이 잘 드러납니다.

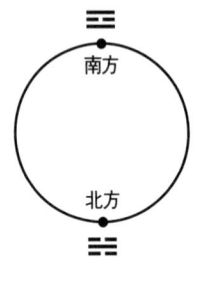

문왕팔괘(부분)

단맛이 나지 않습니다. 가을이 지나 겨울에 접어들어 잎 끝에 있던 물들이 뿌리 속으로 다 돌아가고 잎들이 말라 버릴 때 칡뿌리를 캐면, 비로소 녹말 알갱이들이 꽉 차서 통통해지며 단맛을 냅니다.

여름에 사방팔방으로 칡덩굴이 화려하게 펼쳐 있을 때 그 속은 공허합니다. 그래서 여름에 캔 칡은 약[葛根]으로 쓰지 못하는 것입니다.

공작새의 화려한 깃털을 보십시오.

자신만만한 몸짓에 도도한 눈빛으로 무지갯빛 깃털을 활짝 펼칩니다. 눈부시게 아름다운 공작새는 보는 이로 하여금 감탄을 자아내게 합니다. 그렇지만 화려한 공작새의 허망한 뒷모습을 본 적이 있습니까?

형형색색의 찬란함과 위용은 온데간데없이 사라지고 단조로운 색깔과 볼품없는 몸통은 안타까울 정도입니다.

火의 과정, 즉 여름은 젊고 화려합니다.

그들의 관심은 겉으로만 쏠려 있습니다.

그러나 속을 돌아볼 줄 모른다면 쓸모없는 빈 껍

질이 되어 가을에는 아무것도 거두지 못할지도 모릅니다.

불붙는 듯한 사랑이 꺼지고 나면 더욱 공허해지고, 계란으로 바위를 치려는 용기는 만용일 뿐 참된 용기가 아니기 때문입니다.

불꽃처럼 살아가는

실제로 불을 닮은 나뭇잎을 봅시다.

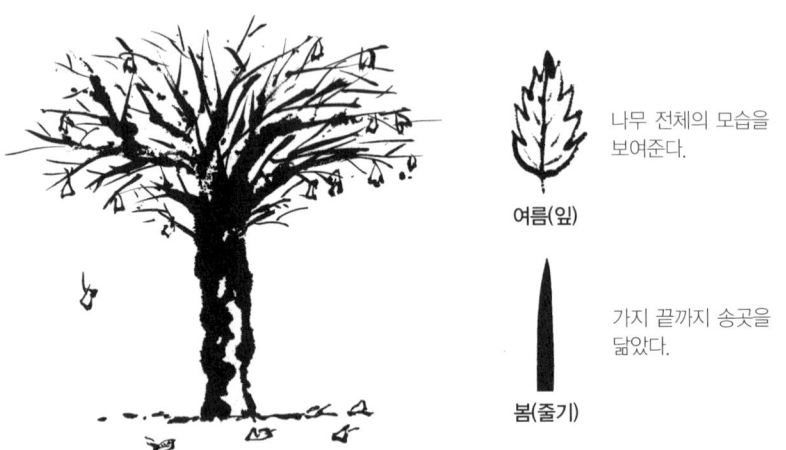

여름(잎) — 나무 전체의 모습을 보여준다.

봄(줄기) — 가지 끝까지 송곳을 닮았다.

줄기와 잎이 보여주는 기하학적 모습의 차이를 주목하십시오.

나무의 줄기와 가지 끝까지는 봄이며 생명력입니다. 생명력인 木이 뻗치는 줄기와 가지는 대부분 겨울을 나며 시들지 않습니다. 대지를 뚫고 솟아오르는 강인한 생명력은 위로 올라갈수록 좁아지며 송곳과 같은 모양을 합니다. 송곳 끝처럼 생긴 가지의 형태는

나뭇잎은 보통 두께는 얇고 넓이만 늘어납니다.

아직 木의 힘이 끝나지 않았음을 보여줍니다. 하지만 그 가지의 끝인 잎에 도달하자 木의 힘은 얇고 납작하게 흩어져 불꽃 모양으로 변합니다.

  나뭇잎은 火의 과정에 의해 생긴 것입니다. 무성한 나뭇잎은 여름철 더운 날씨의 도움을 받아 나무 내면의 힘이 겉으로 펼쳐질 대로 펼쳐진 허장성세(虛張聲勢)의 모습인 것입니다.
  있는 힘을 다해 화려하게 펼쳐졌기에 나뭇잎의 내부에는 남아 있는 힘이 없습니다. 그래서 찬바람 부는 가을에 들어서면 무성했던 잎의 위용은 순식간에 사라지고 떨어져 버리게 됩니다.
  나뭇잎은 불꽃같이 뜨거운 삶을 보내며 火의 속성을 보여주고 있습니다.

사람과 새의 불꽃

식물뿐만 아니라 동물의 외형에서도 火에 의해 형성된 모습들이 보입니다. 조류의 날개와 깃털을 보면 그것을 알 수 있습니다.

새의 날개는 불꽃처럼 흩어지며 펼쳐집니다. 또한 火의 과정에 의해 형성된 것에 걸맞게 하늘을 날 수 있는 능력을 가지고 있습니다. 불꽃처럼 흩어진 깃털은 너무나 유연하고 가볍습니다.

새들은 화려한 날개에 비해 몸통과 다리는 초라합니다.

그렇다면 사람의 불꽃은 어디에 있을까요?
새처럼 팔을 펼쳐 봅시다.

손은 두께는 얇고 넓이만 넓습니다.

불꽃이 있는 곳은 바로 손입니다.

나뭇잎이 火의 과정에서 급하게 펼쳐질 때 얄팍하게 평면을 이루듯 손 역시 넓이에 비해 두께가 얇습니다. 또 나뭇잎에 잎맥이 있는 것처럼 손에는 손금이 있습니다.

나뭇잎을 보고 나무 전체의 모습을 유추하듯 손을 보고 그 사람 전체의 모습을 유추하기도 합니다.

손을 보고 사람의 인생을 유추하는 것을 '수상(手相)을 본다.'고 합니다. 그렇지만 火의 과정에서 생긴 허장성세로 그 사람의 인생이나 심상(心相) 전부를 판단해서는 안 될 것입니다.

눈 - 불의 통로

캄캄한 밤 골목을 걷다가 담벼락 위에 앉아 있는 고양이의 눈과 마주친 적이 있습니까?

어미 개가 새끼를 낳으면 개집 입구를 두툼한 천으로 막아주어야 합니다. 어미 개에게는 새끼를 보호하려는 본능이 있어서 몹시 사나워져 있기 때문입니다.

그런데 그 사실을 몰라서 두꺼운 천을 걷고 속을 들여다본 적이 있습니까? 어미 개는 이빨을 드러내며 으르렁거리고 두 눈에서는 불꽃이 튑니다.

짐승들의 눈에서는 불이 나옵니다.

백두산 호랑이가 한밤중에 돌아다닐 때는 몸은 보이지 않고 활활 타오르는 불꽃 두 개만 움직인다고 합니다.

이런 짐승들보다도 더 무서운 불이 나오는 눈이 있습니다.

바로 사람의 눈입니다.

사나운 맹수와 맞닥뜨렸을 때 눈싸움에 이기면 맹수가 덤비지 못하고 뒷걸음을 친다고 합니다.

사람의 두 눈에서는 그 사람이 가지고 있는 내면의 불꽃이 뿜어져 나옵니다. 만물의 영장으로 해[日]와 달[月]의 밝음[明]을 동시에 뿜어내는 인간의 안광(眼光)에 고개를 돌리지 않을 짐승은 없는 것입니다.

사람이든 동물이든 안광으로 사물을 포착하는 시력은 모두 火의 작용에 의한 것이며, 두 눈은 불이 들락거리는 통로입니다.

불의 숨겨진 모습

불을 통해 하나로 혼융(渾融)되면 완전히 하나가 되고, 물로 섞어 하나를 만들면 완전한 하나가 되지 않고 껍데기만 하나가 됩니다. 물에 의해 합쳐지면 자기 자신은 버리지 않고 하나가 되며, 불에 의해 합쳐지면 자기를 버리고 너와 나의 구분 없이 하나가 됩니다.

성냥이나 라이터 불을 켜서 가만히 들여다보십시오. 타오르는 불꽃의 가운데가 검게 비어 있는 것을 볼 수 있을 겁니다.

노랗게 넘실대는 불꽃은 무엇이든 삼킬 듯 화려하게 타오르고 있지만 그 이면은 고요하게 비어 있습니다.

우리의 삶 또한 마찬가지입니다. 젊음은 아직 어떤 것으로도 채워지지 않은 내면의 순수한 공간이 남아 있기 때문에 화려하게 타오를 수 있는 것입니다. 그 속에는 성스러운 것도, 큰 이상도, 순수함도, 심지어는 악(惡)함도, 더러움도, 어떤 것도 채워 넣을 수 있습니다.

무엇을 채워 넣을지를 선택하는 것은 채우는 자의 몫입니다.

셋; 금(金) - 풍선과 가을

흩어지고 있는 기체를 담으려면 어떤 방법이 좋을까요? 아이들이 좋아하는 풍선은 기체를 담기에 좋습니다.

봄과 여름의 과정은 양기를 발산하면서 음형(陰形)을 훑고 있는 과정입니다. 그런데 가을이 오면 여름 동안 火의 작용에 의해 한없이 흩어진 양기를 다시 모아야 합니다.

흩어진 양기는 기체와 같고 이를 싸고 있는 金의 힘은 풍선의 외부에서 누르는 압력과도 같습니다. 이처럼 가을 金의 과정은 아직 내부에 火의 반발이 있으면서 그 외면만 굳어 있는 상태를 뜻합니다.

金에도 두 가지가 있습니다. 양인 경(庚)과 음인 신(辛)입니다. 왼발은 경(庚), 오른발은 신(辛)으로 내딛고 있습니다[지지로 보면 신유(申酉)라고 합니다].

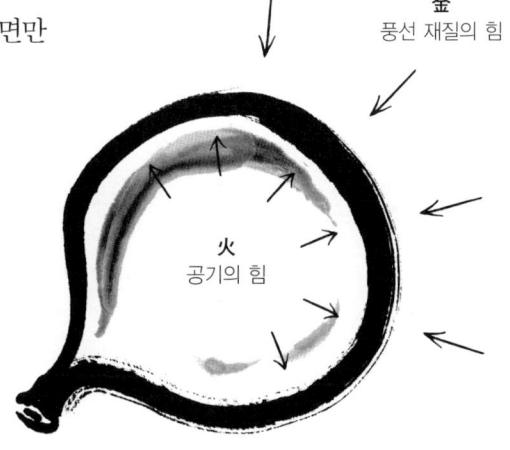

별도 지구도 풍선도

《서경》의 홍범에서는 金을 종혁(金曰從革)이라고 하였습니다.
'종혁(從革)' 이란 따르고[從] 변화하는 것[革]을 의미합니다.
가령 나무를 보면 여름의 흩어지던 힘으로 생긴 잎사귀가 가을이 되면 전혀 새로운 열매로 바뀌고 스스로는 조락하는 것과 같습니다.
'종혁' 이란 새로운 질서에 순종하는 것을 의미합니다. 특히 가을 '金'의 질서는 반항하지 않고 순종하여 스스로 열매 맺는 특징이 있습니다.

밤하늘에 수많은 별들이 아름답게 반짝이고 있습니다. 그런데 그 별들이 별처럼 생기지 않았다는 사실을 알고 있습니까?

대부분의 별들은 우리가 살고 있는 지구처럼 구형을 이루고 있습니다. 어린이날에 공원을 가면 아이들마다 손에 쥐고 있는 풍선들이 둥실둥실 떠다닙니다. 밤하늘에 떠 있는 별들을 가까이서 본다면 아이들이 손에 쥐고 있는 풍선들처럼 둥실둥실 떠 있을 겁니다. 하늘의 별도 둥글고, 지구도 둥글고, 풍선도 둥글고, 공처럼 둥근 것들은 가을을 이야기합니다.

둥근 모양을 가진 것들을 좀 더 찾아봅시다.

식물의 열매와 씨는 둥근 모양입니다. 동물의 머리 부분도 어느 정도 둥글게 생겼습니다. 또 인위적으로 만든 축구공, 배구공, 풍선 등도 둥근 모양입니다.

그런데 중요한 것은 이들의 둥근 모양은 거의 비슷한 원리에 의해 이루어진다는 사실입니다. 사람의 머리나 지구나 수박 등은 바람 든 풍선이라고도 할 수 있습니다.

사람의 머리와 풍선

사람의 머리와 풍선을 비교해 봅시다. 사람의 머리와 풍선은 적어도 세 가지 이상 공통점이 있습니다.

공통점
1. 처음에는 말랑말랑하다.
2. 커질수록 딱딱해진다.
3. 커질수록 둥글둥글해진다.

어머니의 산도를 힘겹게 빠져 나온 태아의 머리는 길쭉합니다. 좁은 산도를 빠져 나오기 위해 부드러운 머리뼈가 중첩되기도 하며 최소한의 폭으로 좁혀집니다. 그 결과 둥근 머리는 길쭉하고 폭이 좁아져 태어나게 됩니다.

그 길쭉한 머리를 만져 본 적이 있습니까? 말랑말랑하고 보들보들한 감촉이 부드럽기 그지없습니다.

이때 갓난아이의 머리는 바람이 덜 찬 풍선을 손으로 주물어 길쭉하게 만든 것과 같습니다.

아기가 태어나서 2~3일이 지나면 길쭉하던 머리는 둥글어집니다. 마치 손으로 주무르던 풍선을 놓으면 다시 둥글어지는 것과 같습니다.

그 후로도 아이가 자라면서 머리통이 커져 가는 과정은 풍선에 바람 넣기와 다를 바가 없습니다. 점차 커지며 둥글어지고 단단해지는 머리처럼 바람이 들어갈수록 풍선은 커지고 둥글어지며 팽팽해집니다. 머리와 풍선, 이것들은 같은 과정을 거치며 둥근 모양을 가지게 되는 것입니다.

원리적으로 생각하면 이 과정에서 바로 金이 작용하는 것을 알 수 있습니다. 머리나 풍선이 딱딱해지는 것은 전적으로 金의 힘에 의한 것으로 속에서 분산하는 뜨거운 火를 밖에서 서늘한 金으로 싸안을 때 그 표면이 식으며 굳어지는 것입니다.

그런데 커지고 팽팽해진 풍선을 계속 분다면 어떻게 되겠습니까? 당연히 풍선은 터져 버립니다.

풍선 외부에서 수렴하려는 金의 힘이 풍선 내부에서 흩어지려는 火의 힘을 견디지 못할 때 풍선은 터져 버리는 것입니다.

풍선이 우주라고 생각해 보세요.

우주가 팽창만 하고 수렴하지 않는다면 어떻게 되겠습니까? 또 어린아이의 머리라고 생각해 보세요. 생각만 해도 끔찍하지 않습니까?

火의 분산하는 힘은 적당한 시기에 土의 중재를 받아 金으로 수렴되어야 합니다.

金의 힘이란 한없이 흩어진 火의 힘을 잘 추스르고 감싸서 성숙의 가을을 맞이하는 데 있는 것입니다.

봄에는 살리고 가을이면 죽이는

겨우내 얼어 있던 땅이 녹으면 나뭇가지에는 물이 오르고 연초록의 새순이 돋기 시작합니다. 개울가 얼음이 녹으면 졸졸졸 시냇물이 흐르고, 파랗게 돋아나는 풀잎 사이로 겨울잠을 자던 개구리가 뛰어다니고 하늘의 종다리는 지지배배 노래합니다.

온 산과 들에 봄이 온 것입니다. 따뜻한 봄기운 속에서 천지는 생명의 잔치를 벌입니다. 쳐다보기만 해도 시리게 차갑던 겨울 하늘 아래 죽은 듯이 침묵하고 있던 대지가 봄이 되자 일제히 고개를 들고 일어섰습니다.

어떻게 이런 현상이 생기는 것일까요?

당연한 것이 아니냐고 반문하겠지만 당연한 그 사실이 바로 자연의 원리입니다.

봄의 정신은 '삶[生]'에 있습니다.

《내경(內經)》에서는 봄의 3개월 동안에는 '살리고 죽이지 말며, 주고 빼앗지 말라(生而勿殺予而勿奪).'고 말하고 있습니다. 천지에는 봄에 살리려는 뜻이 있다는 것을 보여주고 있는 겁니다.

동양에서는 봄의 정신을 '인(仁)'이라 합니다. 그리고 가을의 정신을 '의(義)'라고 합니다. 이것을 잘 생각해 보아야 합니다.

그런데 가을이 되면 어떻습니까?

찬바람이 돌자 풀잎들이 노랗게 퇴색하기 시작합니다. 선뜩한 바람이 사람들의 마음마저 위축시키고 공연히 울적해집니다. 지난 밤 차가운 빗소리에 잠을 뒤척이다 깨어난 아침, 창문을 열고 내다보니 땅바닥에는 노란 나뭇잎이 수북이 쌓여 있고 헐벗고 초라한 나무가 눈에 가득 들어옵니다.

가을은 조락(凋落)의 계절입니다.

여름내 무성하고 화려했던 나뭇잎들이 바람에 떨어지고 들판의 풀들은 노랗게 시들고 맙니다. 여름이 지나고 가을이 되면서 천지의 뜻은 급선회하여 살벌(殺伐)로 바뀌게 됩니다. 허장성세를 부리던 잎들도 떨어지고 덜 여문 열매나 곡식들도 떨어집니다.

그래서 가을에 나타나는 金의 힘을 '심평(審平)'이라고 하는데, 심평은 공평하게 심사하여 죽일 것은 죽여야 한다는 살벌(殺伐)의 의미를 가지고 있습니다.

봄은 살리고 가을은 죽이는 것입니다.

고육지책(苦肉之策)

칼을 쥔 자와 맨손인 자가 목숨을 걸고 싸웁니다. 두 사람이 서로 마주 보며 불꽃 튀는 눈싸움을 합니다. 옆에서 볼 때 칼 쥔 자가 절대적으로 우세해 보이고 맨손인 자는 목숨을 내놓아야 할 지경입니다.

이때 맨손인 자가 이 싸움에서 취해야 할 방법으로 어떤 것이 있을까요?

고육책이라는 말이 있습니다. 맨손인 자가 절체절명의 싸움에서 이길 수 있는 방법은 하나밖에 없습니다.

바로 한쪽 팔을 버리는 것입니다. 상대가 칼을 휘두를 때 왼팔을 베일 각오를 하고 오른팔로 상대를 제압하는 겁니다.

한 군데도 다치지 않으려 하다가는 목숨마저 잃을 수 있습니다.

나무는 여름 동안 온몸으로 받은 火의 힘을 무성한 잎사귀를 통해 사방으로 펼칩니다. 그리고 가을이 되면 그 잎들을 떨굽니다. 허장성세의 나뭇잎은 사시(四時; 사계절)의 변화에서 볼 때 하나의 고육책입니다. 우주의 가을은 살벌(殺伐)의 칼을 쥐고 있습니다. 나무는 가을의 심평(審平) 앞에 자신의 생명에 지장이 없는 나뭇잎을 제물로 바칩니다. 하늘에 순응하고 있는 나무는 절묘한 병법을 써서 가을을 통과하는 것입니다.

그런데 우리를 더 놀라게 하는 것이 있습니다. 그것은 나무가 나뭇잎 사이로 꽃을 피우고 열매를 맺는다는 사실입니다.

나뭇잎이라는 허장성세로 火의 힘을 흡수한 뒤 가을 金의 살벌함을 막아내면서도, 그 속에서는 꽃과 열매를 통해 또 다른 생명을 준비하는 것입니다.

천지는 봄에 살리고 가을에 죽인다고 했습니다.

그러나 나무의 속마음을 들여다보면 가을이 되어도 사는[生] 데 그 뜻이 있습니다. 나무뿐만 아닙니다. 열매를 맺고 씨를 맺는 모든 식물들의 속마음은 가을에도 사는[生] 데 뜻이 있는 것입니다.

천지는 생장화수장(生長化收藏)의 순환 속에서 죽이고 살리지만, 만물은 그 법칙 속에서 끊임없이 살아가려 합니다.

가을은 열매를 맺고 씨를 거두는 계절입니다. 金의 살벌(殺伐) 속에서 살릴 것은 살려 수렴시키는 것을 추수(秋收)라고 합니다.

金의 살벌지기(殺伐之氣)는 심평(審平)에 의해 부드러워집니다.

공평한 심사란 껍데기인 나뭇잎은 죽이지만 알맹이인 씨앗과 열매는 살리는 데 그 목적이 있기 때문입니다.

가을의 뜻

여름은 나뭇잎처럼 얄팍하지만 가을은 열매처럼 토실토실합니다. 우리가 살고 있는 은하수를 봅시다.

우리가 살고 있는 은하계는 나뭇잎과 같이 얄팍합니다. 아직 젊은 은하계로서 시간은 미래로 흐르고 공간도 팽창하고 있는 여름의 걸음걸이입니다. 언젠가 여름의 행보를 마치고 '거두어들이기'의 세 번째 걸음걸이로 바뀌게 될 것입니다.

우리의 은하수는 얄팍한 여름철을 지내고 있습니다.

우주는 첫 번째 걸음걸이에서 나선 회전의 춤을 추다가, 두 번째 걸음걸이에 들어서서는 화려하게 펼쳐지면서 속 빈 허장성세의 춤으로 우리의 눈을 어지럽힙니다. 여름의 방황을 끝낸 우주는 마침내 세 번째 걸음걸이로 접어들면서 열매를 맺고 자신의 내면을 토실토실하게 채우며 풍요의 계절로 들어서는 것입니다.

우리 인간도 이와 같습니다.

장년(33~49세)은 인생의 가을과도 같습니다. 가을이 되어 金의 힘을 통해 수렴될 때 열매는 성숙하게 되는데, 잘못하면 설익을 수 있고 벌레 먹을 수도 있는 것입니다.

인간 역시 金의 힘이 작용할 때 성숙하는데, 그 과정에서 생기는 병폐가 바로 욕심입니다. 욕심이란 나를 중심으로 거두어들이고자 하는 이기(利己)의 마음에서 생깁니다. 이기의 욕심은 사욕으로 설익거나 벌레 먹은 열매가 되는 것이고, 이타(利他)의 욕심은 공욕(公慾)으로 알차게 성숙한 열매가 됩니다.

성숙한 열매는 올바른 '생명의 씨'를 창조합니다.

가을이 되어 인생의 장년기를 보낼 때 벌레 먹은 열매가 되느냐 '생명의 씨'를 창조하는 열매가 되느냐는 전적으로 자신의 선택에 달려 있습니다.

넷; 수(水) - 빅 뱅

기어가는 뱀이 드디어 먹이를 만났습니다. 굶주린 뱀은 그 먹이를 덥석 물었습니다. 그런데 그 순간!

지금으로부터 약 100~150억 년 전 '꽝'하고 큰 소리(Big Bang)를 내며 잠에서 깨어난 우주는 그로부터 고독한 행군을 시작했습니다.

우주 역시 수렴과 팽창의 과정 속에서 첫째 행보, 둘째 행보, 셋째 행보를 거쳐 언젠가는 굶주린 뱀처럼 자신의 꼬리를 덥석 물게 될 것입니다.

네 번째 걸음걸이인 水는 오행의 행보 속에서 마지막 걸음걸이입니다. 그러면서 새로 시작하는 곳이기도 합니다.

뱀의 머리가 꼬리를 물고 있는 곳, 거기가 바로 水의 힘이 작용하는 곳입니다.

水에도 두 가지 뜻이 있습니다. 하나는 양인 임(壬), 또 하나는 음인 계(癸)입니다. 역시 왼발은 임(壬)으로 오른발은 계(癸)로 내딛습니다[지지로 보면 해자(亥子)라고 합니다].

《서경》의 홍범에서는 水를 윤하(水曰潤下)라고 하였습니다. '윤하(潤下)'란 만물을 촉촉이 적시며 아래로 흘러들어가는 것을 의미합니다. 즉 水는 만물을 모두 포용하고 감싸 안고 숨어드는 것을 이야기하는 것입니다.

삼천 년 만의 탄생

일본 고분에서 3,000년 된 목련 씨앗을 발견한 적이 있습니다. 일본 학자들은 이 씨앗들을 싹틔우기 위해 심혈을 기울였습니다. 그 결과 그 씨앗들 중 몇 개가 싹터 1993년 4월에 꽃을 피웠다고 합니다.

3,000년간 생명을 간직하고 있던 씨앗, 그 생명력이 놀랍습니다. 또한 그 씨앗의 생명력을 잠 깨운 인간의 능력 역시 놀랍습니다.

그런데 3,000년간 변화 없는 정적 속에 빠져 있던 목련 씨앗에 생명의 발동을 건 것은 무엇일까요?

그 원리는 한 가지입니다.

바로 네 번째 행보에서 나타나는 水의 힘인 것입니다. 3,000년간 침묵하고 있던 씨앗은, 단지 金이 수렴하는 과정을 통해 얻었던 생명력을 간직하고 있는 상태에 불과했습니다. 오행의 세 번째 걸음걸이가 빚어낸 생명이 속에 가득 찬 알맹이였던 것입니다.

씨앗은 홀로 자라지 못합니다. 비록 생명의 정수를 간직하고 있지만 水의 힘에 의해 더욱더 억눌리지 않는 한 발아(發芽)하지 못하는 것입니다. 생명의 씨앗은 땅에 떨어져 흙 속의 수기(水氣)에 의해 압박받고, 찬 겨울의 냉기에 의해 일점으로 움츠러들었을 때에만 비로소 봄에 새 생명의 탄생을 맞이할 수 있는 것입니다.

水의 힘은 일점으로 생명력을 통일시키는 것이고, 3,000년 된 목련 씨앗은 이러한 과정을 거치고서야 비로소 발아하기 시작하는 것입니다.

겨울 동안 땅속에 갇혀 보이지 않는 것을 동양에서는 장(藏)이라고 표현합니다. 물은 장(藏)의 성질을 가장 많이 가지고 있다 해서 水라고도 합니다.

우주에 존재하는 모든 것들은 네 번째 행보인 水를 통해 어둠 속에 갇혀 보지 않으면 밝은 재생의 봄을 맞이할 수 없습니다.

생명의 고향

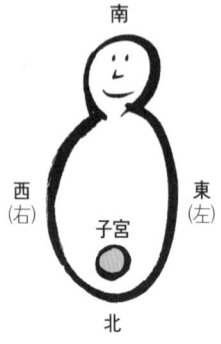

동서가 바뀐 것 같지요? 그러나 그렇지 않습니다. 퍼즐을 풀듯이 생각해 보세요.

삼라만상은 水의 힘이 작용해 생명의 싹을 틔웁니다. 동물도 사람도 같은 원리에 의해 생명이 탄생하게 됩니다.

인간의 생명이 탄생하는 과정을 살펴봅시다.
자궁(子宮; uterus)에 들어온 정자는 난관으로 올라가고 거기에서 난자와 만나 수정(受精; fertilization)하게 됩니다. 수정은 수많은 정자가 난자를 둘러싸고 있는 끈끈한 투명대(透明帶; zona pellucida)에 닿는 것부터 시작합니다. 이때의 모습은 마치 둥근 원 주위에 수많은 올챙이들이 붙어 있는 것과도 같습니다.

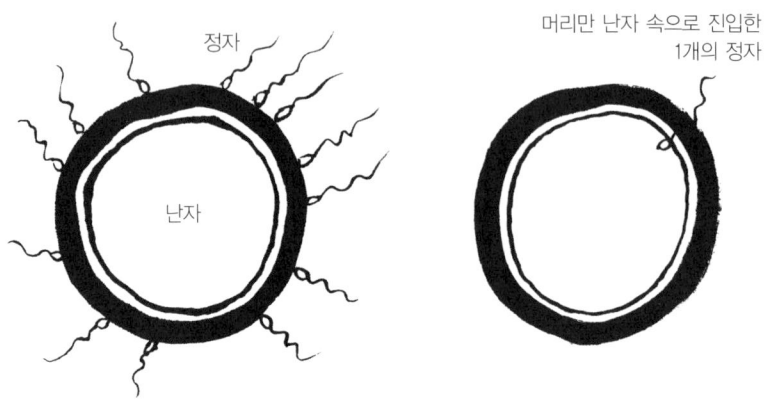

94 오행은 뭘까?

마침내 효소 작용에 의해 하나의 정자가 투명대를 뚫고 난자 속으로 들어가는데, 중요한 사실은 난자가 한 개의 정자를 받아들인 다음 더 이상의 정자를 거부한다는 것입니다. 즉 인생의 탄생부터 일음일양(一陰一陽)이 적용됩니다.

수정된 수정란은 서너 시간 후에 자궁에 도착하며 임신이 시작됩니다. 정자가 난자에 수용된 뒤에는 곧바로 水의 힘이 작용합니다. 음이 양을 포위하여 양정(陽精[정자]; sperm)을 더욱더 억누릅니다. 그 결과 음양이 화합한 태극체인 수정란은 씨앗이 싹을 틔우듯 분열하기 시작하는 것입니다.

한의학에서 자궁은 여자포(女子包)라 하여 지음지처(至陰之處)에 속합니다. 그 위치 역시 인체의 북방(北方)에 있으면서 생명의 씨앗을 싹틔우고 있습니다.

자궁 속의 태아는 양수(羊水; amniotic fluid)를 통해 더욱더 충실한 水의 응고를 받으며 생명력을 길러 따뜻한 봄날의 탄생을 기다리고 있는 것입니다.

우리는 앞에서 꼬리를 문 뱀을 통해 水가 끝과 시작의 뜻을 동시에 가지고 있다는 것을 알아보았습니다. 땅에 떨어진 씨앗은 겨울 동안 그 모습을 찾

야누스(Janus)는 두 개의 얼굴을 가진 문호신(門戶神)인데, 하나는 앞면, 다른 하나는 뒷면에 붙어 있습니다. 영어에서 1월을 뜻하는 January는 야누스의 이름에서 따온 말입니다. 야누스는 시작과 끝이 공존(共存)하는 水를 상징합니다.

인체의 구멍인 구규(九竅)는 모두 9개가 있는데, 얼굴에 7개, 아래쪽에 2개가 있습니다. 이것을 2·7火라고 합니다(《음양오행으로 가는 길》을 참고하세요).

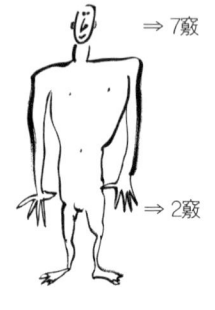
⇒ 7竅
⇒ 2竅

十(10)을 무극(無極)이라고 합니다. 무극은 남방에서 탄생하여 북방에서 활동합니다. 김일부(金一夫) 선생의 정역도(正易圖)를 보면 10무극이 겨울인 북방에서 숨 쉬고 있는 것을 밝히고 있습니다.

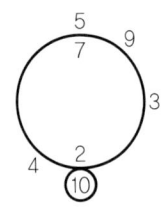

아볼 수 없습니다. 우리의 시야에서 사라졌고 끝났다고 생각하게 됩니다. 그러나 땅속에 감추어져[藏] 보이지 않을 뿐 순환의 고리가 끝나고 영원히 없어져 버린 것은 아닙니다. 따뜻한 봄날이 되면 씨앗은 땅 위로 싹을 올리기 때문입니다.

여자의 자궁도 씨앗을 감추고[藏] 있는 겨울의 땅속과 같습니다. 자궁 속에서 씨앗과 같은 수정체는 응고의 힘을 받아 겨울과 같은 10개월을 마치고 탄생하게 되는 것입니다. 자궁은 끝나고 시작하는 곳입니다.

남자는 구규(九竅)를 가지고 있고 여자는 일규가 더 많아 십규(十竅)를 가지고 있습니다. 십(十)은 시간과 공간이 합쳐지는 십자가와 같으며 동양 자연수의 완성을 뜻합니다. 완성되어 끝나는 곳에서 다시 시작됩니다. 그래서 십을 '열'이라 하여 새 생명이 열리는(open) 것을 의미합니다.

水의 힘은 겨울 동안 감추는 작용을 합니다. 모든 것을 감추어 눈에는 보이지 않지만 영원히 없어진 것은 아닙니다. 감추었기에 다시 나타납니다. 끝난 자리에서 다시 시작하는 것입니다.

겨울과 잠, 그리고 돌아감

인간은 밤에 잠을 잡니다. 잠자는 시간을 사계절에 배속하면 언제일까요? 바로 겨울에 해당합니다.

이치대로 따진다면 적당한 수면 시간은 24시간을 4로 나눈 6시간이 적절합니다. 잠은 육체의 휴식으로, 그 휴식을 통해 내적 생명력을 재충전합니다. 육체가 고요히 잠들어 있음으로 해서 내부의 생명력이 되살아나는 것은 마치 잠자던 영혼의 깨어남과도 같습니다.

육체가 잠들면 육체의 이면에 있던 빛나는 영혼이 깨어납니다. 거꾸로 육체가 깨어나면 영혼은 잠이 듭니다.

낮에 육체가 깨어나 활동할 때 뇌에서 작용하는 것은 영혼이 아니라 의식입니다. 영혼을 맑은 하늘에 비유 한다면 의식은 하늘을 덮고 있는 구름과 같습니다.

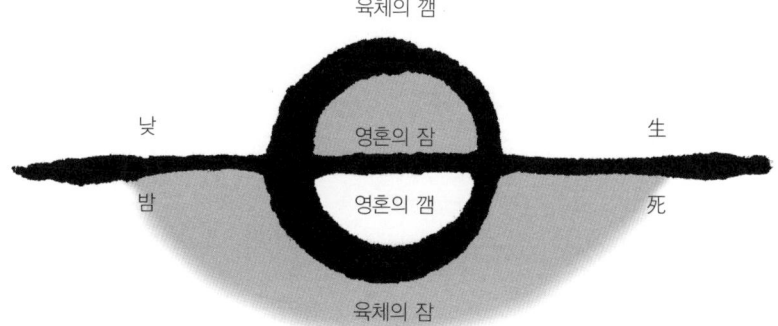

깨어 있을 때의 의식 활동은 우리의 영혼에 비유하면 빙산의 일각에 불과합니다. 잠을 자면서 영혼의 움직임을 경험하는 것은 주로 꿈에 의해 이루어집니다. 꿈은 시공의 구애를 받지 않습니다. 꿈 속에서는 이미 세상을 떠난 분을 만나기도 하고 먼 거리를 단숨에 다녀오기도 합니다.

우리는 작은 원인 하루를 통해 잠을 경험합니다.

마찬가지로 일생의 순환을 끝마치고 돌아갈 때도 하루의 잠과 같은 곳으로 갑니다.

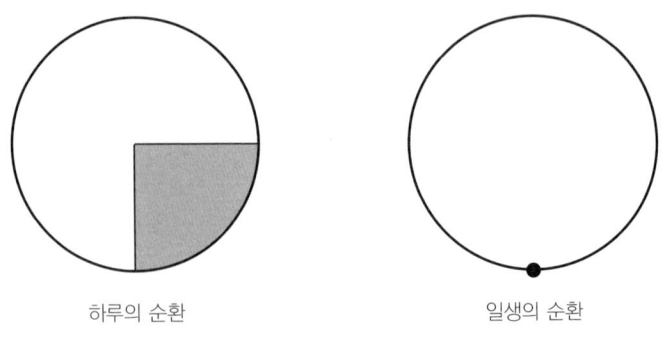

하루의 순환　　　　　일생의 순환

일생은 하루와도 같습니다. 잠에 들면서 슬퍼하지 않듯, 돌아가는 것도 슬픈 것만은 아닙니다.

은하계의 자궁-블랙홀

SF영화나 소설을 보면 우주간에 블랙홀이라는 존재가 있다고 하는데, 그 사실이 우리의 흥미를 끕니다. 블랙홀은 상상할 수 없을 정도로 강한 중력을 가지고 있습니다. 빛도 한 번 빨려 들어가면 빠져나올 수 없다고 합니다.

또한 일반적인 물리법칙이 적용되지 않습니다. 빛이든 행성이든 모든 것을 빨아들여 일점으로 응축시키는 것은 오행의 원리에서 무엇과 같습니까?

블랙홀은 우주에서 水의 힘이 가장 강하게 작용하는 곳입니다. 인체의 자궁과도 같은 곳입니다.

자궁(uterus)의 물질적 구조는 들어가는 곳과 나오는 곳이 하나인 특징을 보이고 있습니다. 즉 출구와 입구가 나뉜 것이 아니고 출입구(出入口)인 것입니다.

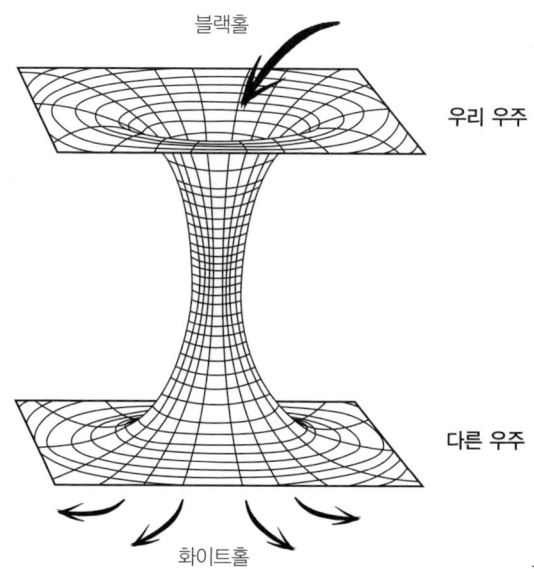

블랙홀
우리 우주
다른 우주
화이트홀

블랙홀을 통해 다른 우주로 갈 수 있다는 학설이 있는데, 그 이론에 따르면 블랙홀은 다른 우주의 화이트홀과 이어진다고 합니다.

블랙홀이 모든 것을 빨아들인다면 화이트홀은 모든 것을 내뿜습니다.

이러한 이론은 水의 힘이 작용하는 겨울의 땅속과도 통합니다. 또한 꼬리를 물고 있는 뱀처럼 끝난 자리에서 다시 시작합니다.

블랙홀과 화이트홀로 표현하는 것보다 은하계의 자궁이라고 하는 것이 블랙홀을 가장 정확히 비유하는 것일 겁니다.

여기서 주의해야 될 점은 블랙홀에 대한 우리의 상상은 물질적 형상에만 국한되어 있다는 것입니다.

우주나 인간의 겨울은 물질적인 외형에만 국한되어 있는 것이 아닙니다. 씨앗이 겨울을 통해 응축되었다가 봄이 되어 싹을 틔울 때 그 이면에는 일점으로 통일되는 생명력인 양기가 있다는 사실을 간과해서는 안 됩니다.

木火土金水 중 가장 알기 어려운 것은 土입니다. 그런데 水도 감추어져 있는 특성 때문에 土에 못지않게 알기 어렵습니다. 이처럼 인간의 인식이 미치기 어려운 과정을 설명할 때 신화나 종교에서 비유를 이용하는데, 水의 과정은 주로 물로써 비유됩니다.

오르페우스는 아폴론과 뮤즈인 칼리오페 사이에 태어난 아들이다. 그는 리라를 잘 탔는데 그의 음악을 듣고 반하지 않는 자가 없었다. 그러나 아내 에우리디케가 뱀에게 물려 죽자 비탄에 빠지게 된다. 결국 죽은 자의 나라인 지하 세계를 가기로 결심하는데 지하 세계를 가기 위해서는 비탄의 강을 건너야 한다.

비탄의 강은 '흑하(黑河)'라고 하는데 늙은 뱃사공 카론이 지키고 있다. 카론은 정당한 장례를 받은 영혼만 배에 태워 강을 건너게 해 준다.

그리스 신화인 이 이야기는 삶과 죽음의 경계에 검은 강이 가로 놓여 있다고 비유하고 있습니다. 신화와 마찬가지로 종교도 물로 비유하여 水의 개념을 밝힙니다. 요단 강을 건너거나 열반의 세계로 가는 것을 강 건너 언덕[彼岸]이나 황천(黃泉)으로 간다고 표현해 水의 과정을 상징하고 있습니다.

다섯; 토(土) - 중앙의 임금, 혼돈

土에도 두 가지가 있습니다. 하나는 양토(陽土)인 무토(戊土), 다른 하나는 음토(陰土)인 기토(己土)입니다. 역시 왼발은 무(戊)로 내딛고 오른발은 기(己)로 내딛습니다[지지에는 진술축미(辰戌丑未) 네 가지로 존재합니다].

己土가 반환점이 됩니다.

남해의 임금을 숙이라 하고 북해의 임금을 홀이라 하며 중앙의 임금을 혼돈이라고 한다. 숙과 홀은 때때로 혼돈의 땅에서 서로 만났는데 혼돈은 그들에게 매우 융숭하게 대접했다. 그래서 숙과 홀은 서로 의논하여 혼돈의 덕에 보답하려 했다.
"사람들은 모두 일곱 개의 구멍이 있어 그것으로 보고 듣고 먹고 숨 쉬는데, 이 분만 구멍이 없으니 시험 삼아 뚫어 주자."
이렇게 하여 하루에 하나씩 구멍을 뚫어 7일째가 되니, 혼돈은 그만 죽고 말았다.

―《장자》응제왕 중에서

《장자》는 수많은 우화를 남겼습니다. 그리고 그 우화들은 우리의 사고가 미치기 어려운 곳까지 은유로써 밝혀 주고 있습니다. 특히 혼돈은 오행 중 土의 개념을 잘 보여주고 있습니다.

중앙의 임금 '혼돈'은 왜 죽었을까요?

일반적인 해석으로 접근하면 '분별이 자연스러움을 죽인다.'는 교훈을 주는 이야기입니다.

좀 더 자세히 봅시다.

혼돈이 살고 있는 땅의 위치는 어디입니까?

동쪽도 아니고 서쪽도 아닌 사방의 한가운데인 중앙(中央)에 살고 있습니다. 가운데 있다는 것은 그 어느 곳에도 치우치지 않는 중용의 덕을 가지고 있다는 말입니다.

중용의 덕을 지니고 가운데 위치한 자는 자기를 주장하지 않습니다. 남쪽의 주장이든 북쪽의 주장이든 서로 잘 달래서 조화를 이루게 하는 능력이 있습니다. 또한 눈, 코, 귀, 입이 없어서 자신의 분별력을 내세우지 않습니다.

地支에서는 未土가 반환점이 됩니다.

하늘[天干]은 10개로 돌아가고, 땅[地支]은 12개로 돌아갑니다. 그래서 땅(지구)에서는 1년이 12달이 됩니다.

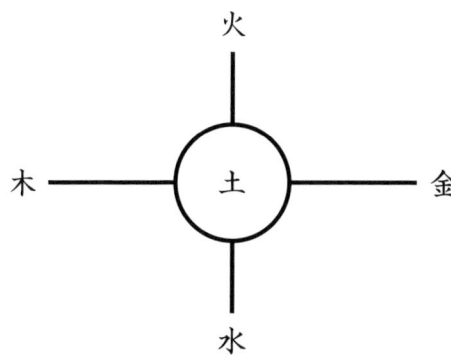

《서경》의 홍범에서는 土를 가색(土爰稼穡)이라고 하였습니다. '가색(稼穡)'이란 심고[稼] 거두는[穡] 농사를 뜻합니다. 즉 土는 사계(木火金水)의 시간 변화를 좇아 만물을 일구는 농사꾼의 농심과 같은 것입니다. 따라서 '가색'에는 자연 속에서 만물의 생성변화를 주관하여 생명의 입김을 불어넣는 '주재자'라는 의미가 있습니다.

동서남북 사방은 저마다의 개성을 주장하고 있는데 유독 혼돈만이 가운데에서 고마움만 베풀고(渾沌待之甚善) 있습니다.

혼돈은 자신을 표현하는 눈, 코, 귀, 입이 없어서 우리가 보기에 몹시 답답하고 알 수 없는 존재이기도 합니다. 하지만 사방의 조화가 혼돈의 덕인 것만은 확실합니다.

그럼 '일곱 개의 구멍을 뚫자 혼돈이 죽었다.'는 말은 무슨 뜻일까요?

눈, 코, 귀, 입이 생겨 분별하는 마음이 생기자마자 중앙 土의 본분을 잃게 되었다는 말입니다.

이와 같은 혼돈의 힘을 우리는 土라고 합니다.

나비의 꿈

지난 어느 날 장주(莊周)는 꿈에 나비가 되었다. 훨훨 나는 것이 분명히 나비였다. 스스로 즐겁고 뜻대로 되어서 자기가 장주인지를 알지 못했다. 그러나 잠시 뒤에 문득 깨어 보니 분명히 장주였다. 장주가 나비의 꿈을 꾼 것인가? 나비가 장주의 꿈을 꾼 것인가? 그러나 장주는 장주요, 나비는 나비인 구분이 반드시 있을 것이니, 이것을 일러 만물의 변화하고 하는 것이다.

—《장자》 제물론 중에서

《장자》에 실린 '나비의 꿈'이라는 유명한 우화입니다. 여기서 마지막 구절의 '만물의 변화'는 '物化'라는 말로 표현되어 있습니다.

장자가 나비가 되는 것도 물화(物化)이고, 나비가 장자가 되는 것도 물화(物化)입니다.

木에서 火로 되는 것도 물화이고,

火에서 金이 되는 것도 물화이고,

金에서 水로 되는 것도 물화이고,

水에서 木로 되는 것도 역시 물화입니다.

나비가 장자로 바뀌기도 하고,
장자가 나비가 되기도 하며,
하늘에 구름이 모여 비가 되고,
비가 내려 강물이 되고,
강물을 마셔 내 몸의 일부가 되고,
내가 죽어 흙이 되고,
흙에서 나무가 자라나고….

어느 것 하나 머물지 않고 변해 갑니다. 삼라만상은 끊임없이 서로의 모습을 바꾸어 갑니다.

이렇듯 만물이 자기의 모습을 변화시키는 것을 일컬어 장자는 物化라고 했던 것입니다.

장자는 영원히 장자가 아닙니다.
나비도 영원히 나비가 아닙니다.

이처럼 만물이 변화하는 원동력은 바로 土의 힘에 의한 것이고, 다르게 표현하여 화(化)라고 했던 것입니다.

또한 이러한 土의 힘에 의해 만물이 변화를 일으키는 그 자리를 '혼돈'이라고 할 수도 있습니다.

흙 속의 임금 - 혼돈

인간은 흙에서 태어나 흙으로 돌아갑니다. 장자도 나비도 흙에서 나와 흙으로 돌아갑니다. 이 글을 읽는 여러분도 마찬가지입니다. 나무도 불도 쇠도 모두 흙에서 나와 흙으로 돌아갑니다.

흙 속에는 만물이 섞여 어우러져 있습니다. 모든 것이 뒤엉켜 하나로 되어 있는 흙은 바로 혼돈 그 자체입니다. 모든 것을 수용하고 중화(中和)시킬 수 있는 흙은 土의 성질이 가장 강합니다.

한 가지 예를 들어 봅시다. 도시의 큰 건물에는 피뢰침을 세웁니다. 피뢰침은 건물의 꼭대기에 설치하는데, 피뢰침에 선을 연결해 땅속에 묻은 금속판에 접속해 둡니다.

하늘에 비가 내리고 음전하와 양전하를 띤 거대한 먹구름이 부딪혔을 때 엄청난 양의 방전이 일시에 일어납니다. 이 과정에서 생기는 방전으로 번개가 치는 것입니다.

번개는 거대한 건물도 일시에 파괴할 정도로 강하지만 피뢰침으로 유도되어 도선을 거쳐 땅속으로 끌려가 버립니다. 아무리 엄청난 세기의 벼락도 땅속으로 들어가면 잠잠해져 버립니다.

흙은 벼락을 맞고도 아무런 표정의 변화가 없습니다.

눈, 코, 귀, 입이 없는 혼돈이 벼락을 일시에 '化'하여 삼켜 버린 것입니다.

가정에서 쓰는 세탁기, 냉장고 등 전기제품은 어스(earth; 접지)를 시켜 놓고 사용해야 감전의 위험을 피할 수 있습니다.

어스 역시 땅이 가지고 있는 土化의 힘을 이용한 것입니다.

생장수장의 춤

흙은 혼돈이며, 흙 속에는 나무와 불, 쇠, 물이 모두 섞여 있다고 했습니다. 그런데 거꾸로 생각하면 바로 이 혼돈에서 나무도 나왔고, 불도 나왔고, 쇠도 나왔고, 물도 나왔습니다.

木火金水의 모태(母胎)는 土입니다.

土는 중앙에 있으며 사방으로 팔다리를 펼쳤습니다.

그 결과 천지에는 생장수장(生長收藏)이라는 네 가지 춤이 생겼습니다. 우주는 木火金水의 변화(變化) 속에서 生長收藏의 춤을 춥니다.

만물 중에 나무는 木의 힘으로 주로 生의 춤을 추고,

불은 火의 힘으로 주로 長의 춤을 추고,

쇠는 金의 힘으로 주로 收의 춤을 추고,

물은 水의 힘으로 주로 藏의 춤을 춥니다.

그런데 중앙에 있는 흙은 변화만 일으키고 아무런 춤도 추지 않는 듯합니다.

그 이면을 자세히 보면 나무, 불, 쇠, 물이 흙의 화신(化身)이며, 결국은 흙의 춤인 것을 알 수 있습니다.

몸통은 '土'이면서 혼돈입니다. 그러나 혼돈(chaos)의 속을 들여다보면 오장육부가 질서(cosmos) 속에서 순환하고 있습니다.

혼돈(chaos)의 이면에는 질서가 숨어 있습니다.

사람의 몸에서 중앙(中央)은 어디일까요? 바로 몸통입니다.

그런데 몸통이 가운데 있어서 土의 작용을 한다는 말은 좀 의아하지 않습니까? 목화금수를 조절하는 곳은 머리가 아닐까 하는 의문이 생길 수 있기 때문입니다.

잘 생각해 봅시다. 인간은 수많은 세월 동안 진화해 만물의 영장으로 군림했습니다. 그런데 하등동물은 어떻습니까? 하등동물은 주로 몸통만을 가지고 살아갑니다. 척추동물인 물고기까지 진화하더라도 외견상 목이 없어서 머리와 몸통을 뚜렷하게 구별할 수 없습니다.

나무, 불, 쇠, 물이 흙에서 나왔듯이 인간의 팔과 다리, 그리고 머리는 모두 몸통에서 빠져 나왔습니다. 그렇기 때문에 인간이 가지고 있는 팔다리와 머리의 모태는 바로 몸통입니다.

그런데 인간의 몸통은 장자의 혼돈과는 달리 수많은 세월의 노력을 통해 일곱 개의 구멍을 내고도 죽지 않는 방법을 개발했습니다.

그것은 바로 머리입니다.

혼돈인 몸통이 수많은 진화를 거쳐 자기의 대행

자인 머리를 만든 것입니다. 그 머리에 칠규(七竅)를 열고, 머리를 통해 팔다리의 木火金水를 관장하게 한 것입니다.

물론 머리는 몸통 속 혼돈의 대행자이므로 혼돈이 직접 다스리는 몸통 속까지는 그 힘이 미치지 못합니다. 몸통 속은 태곳적부터 자율 신경계*를 통해 혼돈이 스스로 조절하고 있기 때문입니다.

인간의 얼굴에는 생장수장 네 가지 춤을 감별하는 일곱 개의 구멍이 있습니다. 바로 이목구비입니다.

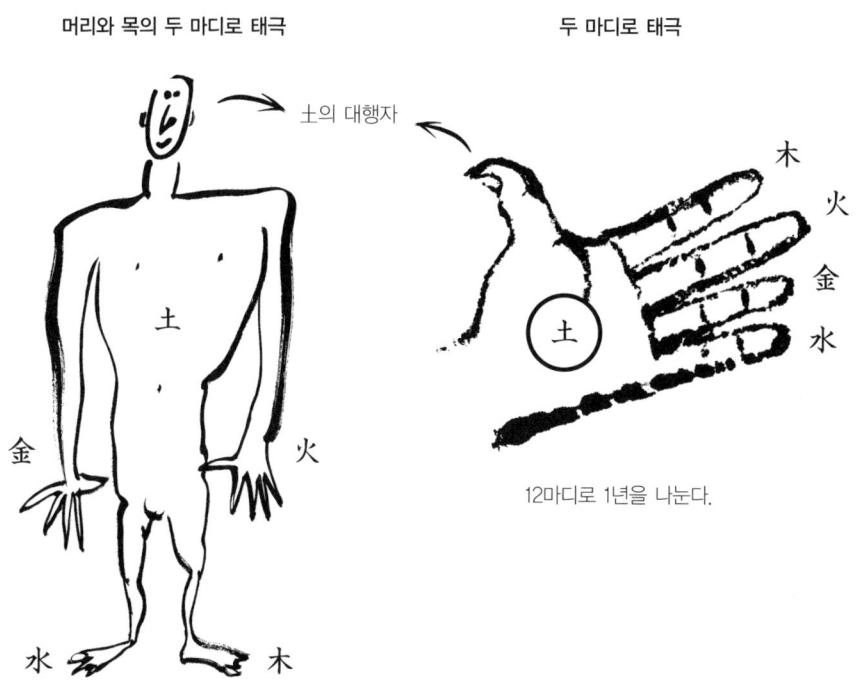

＊ 자율 신경계는《음양이 뭐지?》의 日月星辰을 참조하세요.

귀(서방의 收를 감별한다.) - 金

눈(남방의 長을 감별한다.) - 火

코(동방의 生을 감별한다.) - 木

입(북방의 藏을 감별한다.) - 水

입은 맛을 보고, 코는 냄새를 맡고, 눈은 색을 보고, 귀는 소리를 들어 천지 만물과 자연의 뜻을 파악하고 그 뜻에 순응하여 살아가는 것입니다.

4장
싸우면서
자란다

우주는 원운동을 하며 끊임없이 순환하고 있습니다.
그리고 그 원은 木火土金水의 과정을 거치며
규칙적으로 돌고 있습니다.
우리는 우주를 순환하는 다섯 가지 행보를 통해
각 걸음걸이의 특징을 알아보았습니다.
이제 각각의 걸음걸이가 서로 어떤 연관을 가지며
실존하고 있는지 공부해 봅시다.
각 걸음마다 나를 돕는[相生] 아군이 있는 동시에
나를 억압하는[相克] 적이 있습니다.

상생과 상극

그림 [A]를 봅시다.

木은 火를 살리고,
火는 土를 살리고,
土는 金을 살리고,
金은 水를 살리고,
다시 水는 木을 살립니다.

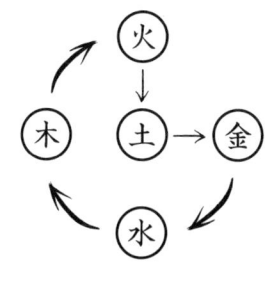

[A] 상생

그림 [B]는
木이 土를 억제하고,
土는 水를 억제하고,
水는 火를 억제하고,
火는 金을 억제하고,
다시 金은 木을 억제합니다.

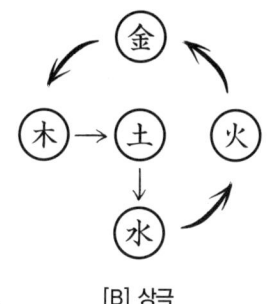

[B] 상극

[A]와 [B]의 그림에서는 金과 火의 위치가 바뀌었습니다. 이를 금화교역(金火交易)이라고 합니다.

→ 상생
⇢ 상극

木生火 火生土 土生金 金生水 水生木
木克土 土克水 水克火 火克金 金克木

싸우면서 자란다 115

그림 [A]에서 시계 방향으로 돌며 다음 걸음걸이를 살리는 것을 상생(相生)이라 합니다. 이렇게 돌아가는 것을 좌선이상승(左旋而上升)이라 하며, 陽이 순행(順行)하여 음방(陰方)이 부족(㇑)하다 합니다.

그림 (B)에서는 시계 반대 방향으로 돌며 다음 걸음걸이를 억제하고 있는데, 이를 상극(相克)이라 합니다. 이처럼 돌아가는 것은 우선이하강(右旋而下降)이라 하며, 陰이 역행(逆行)하여 양방(陽方)이 부족(㇏)하다 합니다.

이상과 같은 상생 상극의 설명은 가장 원론적인 것으로 그림 [A]는 하도(河圖)*에서 추상(抽象)할 수 있고 그림 [B]는 낙서(洛書)**에서 추상할 수 있습니다.

그런데 무슨 말인지 모르시겠지요?!

木이 火를 살린다는 의미는 '나무를 태워 불을 일으킨다.'로 대충 설명할 수 있겠는데, 金이 水를 살린다고 하니 무슨 말일까요?

'쇠가 물을 살린다?!'

원래 오행의 다섯 행보는 저절로 걸어가지는 않습니다. 오행은 그냥 그렇게 존재할 따름입니다.

제페트 할아버지가 나무를 깎아 만든 '피노키오'의 이야기를 잘 아실 겁니다. 상생 상극의 힘이 없다면 오행의 다섯 행보는 단지 나무로 깎아 놓은 목각 인형에 불과합니다. 할아버지의 정성과 사랑에 의해 피노키오가 생명을 가지고 움직이기 시작하듯 우주는 상생과 상극의 노력에 의해 비로소 살아

---

* 하도(河圖)는 약 5,600여 년 전에 태호 복희씨가 용마의 등에 그려진 율동상을 계시받고 정리한 것입니다(제3권 《음양오행으로 가는 길》의 하도낙서 참조).
** 낙서(洛書)는 약 4,200여 년 전에 하(夏)의 우왕(禹王)이 신구(神龜)의 등에 그려진 율동상을 계시받고 정리한 것입니다(제3권 《음양오행으로 가는 길》의 하도낙서 참조).

움직이기 시작합니다.

　상생은 왼발, 상극은 오른발이 되어 한 걸음 한 걸음 나아가듯 피노키오는 비로소 피가 돌고 걸어갑니다.

　그림 [A], [B]를 이해하는 데는 많은 시간과 노력이 필요합니다. 그리고 木火土金水라는 어려운 표현의 그물에 걸려 힘들어 할 필요는 없습니다. 기초적인 개념부터 차근차근 공부해 봅시다.

외줄타기

사당패가 마을에 들어오면 온 동네가 술렁거리고 흥겨워집니다. 풍물*꾼들이 크고 작은 골목을 돌며 길놀이를 벌이면 동네 사람들은 그 뒤를 따라 행렬을 이루며 즐거워합니다. 놀이판에는 줄이 매어지고 덜미*와 버나*, 살판*, 어름*, 덧뵈기* 등을 보여주기 위해 마당 한가운데에 큰 멍석 대여섯 장을 깝니다.

놀이가 시작되고 신명나는 꽹과리와 장구 소리, 그리고 막걸리 잔술에 한 해의 시름을 하늘 높이 날려 버립니다. 그중에서도 손에

* **풍물**: 웃다리 가락을 바탕으로 한 농악의 일종. **덜미**: 전통 인형극으로 꼭두각시 놀음. 목덜미를 잡고 논다는 데서 유래한 말. **버나**: 사발이나 대접을 앵두나무 막대로 돌리는 묘기. **살판**: '잘하면 살판이요, 못하면 죽을판'이라는 뜻으로 서양의 텀블링과 비슷한 땅재주. **어름**: 줄타기 재주. **덧뵈기**: 탈놀이.

땀을 쥐게 하는 것은 어름인데, 얼음 위를 걷듯이 어렵다는 줄타기입니다. 하늘 높이 외줄을 걸쳐 놓고 오른발 왼발 한 걸음씩 걸어가는 모습을 보노라면 아찔하기 그지없습니다.

줄타기를 둥근 원으로 바꾸어 봅시다.

둥근 원은 우주가 순환하는 길이며 우리가 살아가는 길[道]입니다. 우리는 이 길을 다섯 가지 형태의 걸음걸이로 걸어가고 있습니다. 오른발 왼발을 조심스럽게 내디디며 줄에서 떨어지지 않으려고 안간힘을 쓰고 있습니다. 오른발에만 계속 힘을 주면 오른쪽으로 기울다가 결국 떨어져 버리고 왼발에만 계속 힘을 주어도 마찬가지입니다. 인간은 삶의 무대에서 줄타기를 하고 있는 광대와 같습니다.

우리는 두 발을 가지고 있습니다. 오른발만으로 걸어가겠다고 고집하는 것은 상극의 과정으로만 살아가겠다는 것과 같고, 왼발로만 걸어가겠다고 고집하는 것은 상생의 과정으로만 살아가겠다는 것과 같습니다.

우주는, 다섯 가지의 행보를 두 개의 발로 걸어갑니다.

인생은 둥근 원에서 외줄타기를 하는 것과도 같습니다.

외줄타기를 잘하는 사람은 왼발(상생)과 오른발(상극)의 조화를 잘 이루며 길[道]을 갑니다.

욕망과 절제

제페트 할아버지는 피노키오에게 말했습니다.
"피노키오야! 착한 아이가 되려면 학교에 가서 공부를 해야 한다. 알겠니?"
그러나 피노키오는 고개를 저으며 말합니다.
"싫어요. 나는 하루 종일 뛰어노는 게 좋아요."
피노키오는 자기가 하고 싶은 대로 하며 말썽을 피웁니다. 불가에 앉아 졸다가 다리를 태우기도 하고, 천막극장에서 인형극을 망치기도 하고, 능청스런 거짓말까지 하다가 코가 막대처럼 길어지기도 합니다. 하루 종일 놀기만 하는 놀이의 나라에까지 간 피노키오는 마침내 당나귀로 변해 버립니다.

피노키오의 마음은 인간의 욕망을 그대로 보여주고 있습니다. 욕망이란 무엇이든 '하고자' 하는 힘의 원동력입니다. 또한, 그 힘의 원동력이 우리를 살아 있게 합니다.
그런데 욕망에는 끝이 없습니다. '욕망이란 결코 채워지지도 만족되지도 않는다(Desire is never filled nor satisfied).'라는 서양 속담이 있듯이 인간의 세속적인 삶은 욕망에 끊임없이 유혹당하고 끌려가 욕망과 절제의 중심추를 '마음'이라고 합니다. 마음은 욕망을 양, 절제를 음으로 하여 태극을 이룹니다.

기 십상입니다.

　욕망만을 좇아가는 것은 외줄타기에서 상생(相生)만을 고집하며 왼발로만 나아가려 하는 것과 같습니다. 절제 없는 욕망으로, 결국 파국을 맞이하고 맙니다.

　욕망만을 고집하듯 절제만 고집하는 경우도 있습니다. 일반적인 삶에서는 거의 찾아보기 힘들지만 수도하는 수행자들의 삶에서 더러 볼 수가 있습니다. 깨우침이란 먼저 자기를 이기지 않고는 얻기 힘듭니다. 그래서 수행의 과정에서 인간적인 모든 욕망을 없애고 오로지 뼈를 깎는 정진만을 거듭하는 것입니다.

　욕망에 함정이 있듯 절제에도 함정이 있습니다. 한없는 절제 끝에 욕망이 완전히 없어지는 순간 생명력도 동시에 없어져 버리게 됩니다.

　유명한 불가(佛家)의 일화를 함께 봅시다.

　한 노파가 조그만 암자를 지어 젊은 스님 한 분을 모셨습니다. 노파는 20년을 하루같이 수발하며 스님의 공부를 도왔습니다. 어느 날, 노파는 스님의 공부가 얼마나 진전되었는지 알아보기 위해 시험해 보았습니다.

"애야, 오늘은 암자에 가서 스님을 한번 껴안아 보아라."

노파는 젊은 딸에게 스님을 유혹해 보라고 시켰습니다. 묘령의 아름다운 아가씨인 딸은 어머니의 분부대로 스님의 품속에 안기며 교태를 부렸습니다.

"스님, 저는 스님에게 안기니 무한히 기쁘고 즐겁습니다. 스님은 어떠하신지요?"

스님이 무표정으로 대답했습니다.

"굳이 표현하자면 고목나무가 엄동설한에 찬 바위를 기대고 선 것이요, 불씨 꺼진 재가 따스한 기운이 전혀 없는 것과 같소."

젊은 딸은 스님의 도력(道力)에 찬탄하며 어머니에게 그대로 전했습니다. 그러자 딸의 얘기를 들은 노파는 고함을 치며 말했습니다.

"내가 사람을 잘못 보고 20년이나 헛고생을 했구나. 흑산귀굴(黑山鬼窟)에 들어앉은 악마를 받들다가 나도 그놈과 함께 지옥에 떨어지겠다."

노파는 곧바로 암자로 달려가 스님을 내쫓고 암자를 태워 버렸습니다.

'노파의 소암(燒庵)'이라는 이 이야기는 《지월록(指月錄)》이라는 책에 실려 있습니다. 이 이야기는 '고목선(枯木禪)'이라는 화두로 더 유명합니다. 고목선은 외줄타기에서 상극(相克)만을 고집하며 오른발로만 나아가겠다는 것과 같습니다.

　욕망 없는 절제는 생명 없는 죽은 껍데기와 같습니다. 욕망과 절제는 인간 내면에 있는 두 개의 발입니다. 두 발이 엉키지 않고 잘 걸을 수 있도록 노력합시다.

사계 속의 상생 상극

자연을 봅시다. 욕망은 주로 봄과 여름에 잘 드러납니다. 새싹이 돋고 여름에 나뭇잎이 펼쳐지며 잎이 무성해지는 것은 살고자 하는 욕망의 표현입니다. 이때는 풍부한 수분과 햇살을 받으며 자신의 몸을 키우고 자라납니다.

그러다가 가을이 되면 어떻습니까? 찬바람이 쌩쌩 불면서 나무는 움츠러듭니다. 잎들마저 떨구어 버리고 나목(裸木)으로 자신을 비웁니다. 그리고 겨울의 침묵 속으로 들어가며 스스로를 절제합니다.

대자연은 봄과 여름에는 왼발, 가을과 겨울에는 오른발을 내디디며 상생과 상극의 줄타기를 하고 있는 것입니다. 그런데 그 이면을 자세히 봅시다.

봄, 여름 동안에는 자신의 형질(形質)을 키우는데, 이면에는 자신의 기(氣)를 뿜어 가며 소진시키고 있습니다. 한겨울에 일점으로 모아 놓았던 양기를 동남방에서 한없이 흩뿌려 나뭇잎이 무성할 즈음에

본질적으로는 봄, 여름, 가을, 겨울 어디에나 상생과 상극이 내재되어 있습니다. 모든 시공은 음양으로 이루어져 있으며, 상생은 양이 되고 상극은 음이 됩니다. 단지 중요한 것은 '언제, 누가 주인인가?' 하는 것입니다. 상생이 주인 행세를 할 때가 있고, 상극이 주인 행세를 할 때가 있는 것입니다. 춘하추동의 이면을 다시 보세요. 상생, 상극이 뒤집어집니다. 주인을 찾아보세요.

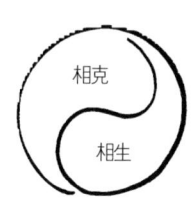

는 거의 여력이 남아 있지 않습니다.

　상생의 발걸음인 욕망의 이면에는 생(生)이 아니라 생명력을 소모하고 있는 것입니다.

　그리고 가을, 겨울 동안에는 자신의 형질을 더 이상 키우지 않습니다. 그 대신 몸을 단단하게 굳히며 지난 봄, 여름 동안에 흩어졌던 양기를 다시 모아 다음 봄을 기다립니다.

　상극의 발걸음인 절제의 이면에서는 거꾸로 생명력을 기르고 있는 것입니다.

　이처럼 상생과 상극의 이면에는 서로 반대의 뜻을 숨기고 있습니다.

절제 없는 욕망

벼가 잡초로 변할 수도 있습니다.

실험실에서 벼를 심고는 일정하게 여름의 기온이 유지되게 하고 항상 불을 밝혀 밤이 없는 상태로 지속해 보았습니다. 그 결과 2~3년이 되어도 이삭이 패지 않고 잎만 무성해졌습니다. 실험실이 잡초밭이 된 것입니다.

여름은 火의 힘을 통해 長하게 됩니다. 그리고 가을이 와야 비로소 金의 힘을 통해 열매를 맺습니다. 그런데 실험실 속은 항상 여름입니다. 심지어 밤도 없습니다. 절제의 찬바람이 내리치지 않으면 열매는 열리지 않는 것입니다.

관상용 어항 속에서도 같은 원리가 적용됩니다. 금붕어는 자연 상태에서 보통 약 10,000개의 알을 낳습니다. 그런데 어항 속에서 아무런 위협 없이 쾌적한 온도와 적절한 먹이를 공급받으며 길러진 금붕어는 약 3,000~4,000개의 알밖에 낳지 못합니다.

자연의 법칙은 이와 같습니다. 고통을 수반하는 적절한 절제 없이는 값진 삶을 살 수 없습니다.

너무 편하면 죽는다

관상용 열대어를 잡아서 전 세계에 공급하는 한 회사가 열대어 수송 문제로 골머리를 앓았습니다. 열대어 수송용 수조에 아무리 좋은 환경을 만들어도 수송 도중 절반 이상 죽어 버리고, 살아남은 놈들도 대부분 생기가 없기 때문입니다. 심지어 바다의 파도와 같은 물 흐름을 연출하고, 자연스러운 모래와 암석을 설치해 주어도 결과는 마찬가지였습니다.

이 이야기를 들은 생태학자는 간단한 해결책을 제시했습니다.
"수조에 사나운 문어 한 마리를 넣어 두세요."

그 결과 놀라운 일이 벌어졌습니다.
장시간 수송 끝에 수조를 열어 보니, 사나운 문어는 대가리를 설레설레 흔들고 있었고, 대부분의 열대어가 살아서 쌩쌩하게 움직이는 것이었습니다.

생태학자의 대답은 간단했습니다.
"너무 편하면 죽어요. 항상 긴장 속에 살아야 생명력을 간직할 수 있습니다."

남산의 소나무는 시골 소나무들보다 솔방울이 많이 열린다고 합니다. 소나무의 입장에서 생각해 봅시다. 해마다 서울의 건물은 점점 늘어나고 자동차도 많아져 살기가 옛날 같지 않습니다. 바로 공해 때문입니다. 공해에 시달린 소나무들은 위협을 느낍니다. 생명의 위협을 느낀 소나무들은 더 많은 자식을 만듭니다. 자연히 솔방울이 많이 열리게 되는 것입니다.

이 같은 원리를 이용해 농작물의 수확량을 늘리는 방법이 있습니다. 호박을 심어 약 2m 정도 자랐을 때 생명에 위협을 주는 것입니다.

그 방법은 극히 간단합니다. 넝쿨을 쥐고 호박의 잔뿌리가 떨어질 정도의 세기로 적당히 잡아당기면 됩니다. 호박은 틀림없이 생명의 위협을 느끼게 됩니다. 그 결과 호박은 본능적으로 더 많은 수의 열매를 맺습니다.

세상의 모든 생물들은 생활의 조건이 열악하거나 삶의 위협이 크면 클수록 본능적으로 더 많은 2세를 낳습니다. 인간 역시 마찬가지입니다. 출산율이 높은 시대에는 극(克)을 많이 받는다는 것을 알 수 있습니다.

철완(鐵椀)

중국에서는 한때 철완(鐵椀)이라는 말이 유행했습니다. 말 그대로 쇠밥그릇이라는 뜻입니다.

중국 사람들은 사회주의 국가 체제에서는 굶을 일이 없었습니다. 기본 이념이 공평한 분배에 있으므로 내가 열심히 일하지 않아도 열심히 일한 사람과 같은 몫으로 월급을 받습니다. 즉, 중국인의 밥그릇은 쇠밥그릇처럼 땅에 던져도 깨지지 않는다는 것을 나타낸 것으로, 놀고 게으름 피워도 굶어 죽지 않는다는 것을 비유한 말입니다.

그 결과 한때 중국 사회는 무기력해지고 낙후되었습니다. '다 함께 잘살자'는 취지로 출발했다가 '다 함께 못살게' 되는 결과를 빚고 만 것입니다. '다 함께 잘살자'는 대동상생(大同相生)의 높은 뜻을 가지고 있고 휴머니즘의 꽃이라고 할 수 있습니다.

모든 종교의 선지자들은 이 뜻을 펼치려고 노력했습니다. 너와 나의 구분 없이 하나가 되어 바다를 이뤄야 한다고 석가모니가 말씀하셨고, 예수께서도 사랑을 통해 보여주셨습니다. 그리고 현대에는 국가의 체제 아래 물질의 공평한 분배를 통한 대동상생의 대실험을 단행했습니다.

그런데 그 결과는 어떻게 나타났습니까? 인간은 그 이면에 욕망과 절제라는 양면을 동시에 가지고 있습니다. 그 점을 간과해서는 안 됩니다.

하늘은 하나[一]입니다.
그리고 땅은 한[多]합니다.
하늘은 너와 나의 구별을 두지 않습니다.
종교의 가르침은 하늘의 말씀입니다.
땅은 제각기 다른 모습을 가지고 있습니다. 땅에 드러난 현상의 모습들은 같은 것이 없고 너와 나의 구별이 생길 수밖에 없습니다.
인간은 하늘과 땅의 중간에서 태어납니다.
우리의 마음속에는 하늘을 닮아 하나가 되려는 대동상생(大同相生)의 선함이 있는 반면, 땅을 닮아 서로 구별하고 차등을 두려는 상극(相克)의 악함이 동시에 있습니다.
천지가 합하여 인간을 낳습니다. 상생의 반쪽도 완전하지 않고 상극의 반쪽도 완전하지 않습니다. 인간은 오른발로 땅을 걷고 왼발로 하늘을 걷고 있습니다.

몸과 맘처럼 '하나[一]'와 '한[多]'은 둘이 아니고 하나입니다.

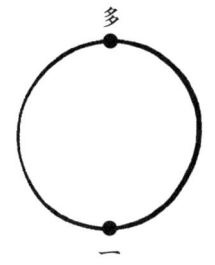

월인천강(月印千江)과 같이 하늘에 하나의 달이 땅에 수많은 달그림자를 드리웁니다. 그 달이 하늘에 있을 때는 하나[一]가 되고, 그 달이 땅에 있을 때는 한[多]하게 됩니다.

내리사랑

상생이란 말 그대로 '서로 살린다.' 또는 '더불어 산다.' 라는 뜻을 가지고 있습니다. 그러나 진정한 뜻은 '木生火'라고 하듯 木이 火를 낳는 것입니다. 즉 木은 아버지가 되고 火는 자식이 됩니다. 부모 자식 사이와 같은 '내리사랑'의 상하가 제대로 잡힐 때 더불어 사는 상생의 길이 열린다는 뜻입니다.

이 세상에서 가장 사랑이 넘치는 곳은 어디일까요? 바로 가정입니다.

낮 동안 지치고 힘들었던 몸과 마음은 집으로 돌아와 가족들과 함께하며 위안을 얻습니다. 어렵고 힘든 일에 처해도 온 가족이 헌신적으로 도와줍니다.

또한 가장 편하고 안전한 곳도 집입니다. 깜빡 잊어버리고 지갑을 집에 놓고 밖에 나왔더라도 걱정하는 사람은 없습니다. 만약 지갑을 잃어버릴까 봐 걱정하는 사람이라면 이미 한 가족이라고 보기 어렵지 않겠습니까?

이처럼 서로를 돕고 이해하고 생각해 주며 '더불어 살아가는' 관계를 상생이라고 합니다. 우리나라에서는 가족 간의 이런 사랑을 '내리사랑'으로 표현하기도 합니다. 사랑은 윗사람에게서 아랫사람에게로 자연스럽게 내려간다는 것입니다. 세상의 많은 사랑 중에서 부모가 자식을 사랑하는 것만큼 위대하고 큰 사랑은 없습니다. '내리사랑'은 사랑의 본질을 보여주고 있습니다.

상생(相生)은 서로 상(相)과 살릴 생(生)이 합쳐져 '서로가 서로를 살린다.'는 뜻을 나타냅니다. 상생의 뜻이 현실화 되는 것을 '내리사랑'만큼 잘 보여주는 것이 없습니다.

부모는 자식을 낳습니다. 그리고 부모는 지극 정성으로 자식을 기릅니다. 또한 사랑을 받고 자라는 자식은 부모를 공경합니다. 가정에는 사랑이 넘치며 부모는 생의 보람을 찾습니다. 이처럼 인생은 유한하되 사랑은 무한히 흘러갑니다.

상생에는 '더불어 산다.'는 뜻이 있지만 그 속에는 '사랑을 준다.'는 뜻이 숨어 있습니다. 즉 '너와 나'가 아닌 '우리' 속에서 더불어 사는 세상을 의미합니다.

> 상생의 궁극적인 뜻은 주는 것이 받는 것입니다. 그러나 순서가 있습니다. 받으려 하기 전에 먼저 주어야 합니다.

자! 우주가 걷고 있는 다섯 가지 걸음걸이를 봅시다.
생(生)은 장(長)으로 나아가고,
장은 다시 수(收)로,
수는 장(藏)으로 내려갔습니다.
우주는 장에서 깊은 잠을 자고 다시 생으로 올라

갑니다. 그렇게 순환하는 생장수장의 가운데에는 화(化)가 버티고 있습니다.

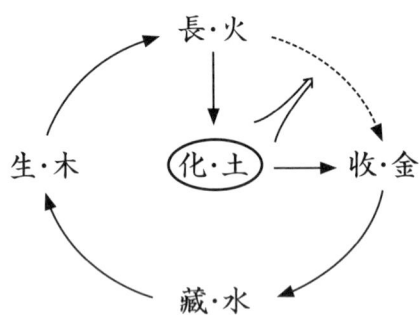

化(土)는 생장수장(生長收藏)의 속, 즉 보이지 않는 곳에서 항상 작용하고 있습니다. 그러나 火와 金(여름과 가을) 사이에서는 자신의 얼굴을 드러내지 않고서는 조정하지 못하기 때문에 가면을 벗고 본 모습을 드러내어 四土(辰戌丑未) 중 十土로서 군림합니다.

여기서 좀 어려운 것은 중앙에 있는 화(化)인데, 화는 생장수장의 변화를 일으키는 주체로서 변화의 각 마디마다 존재합니다.

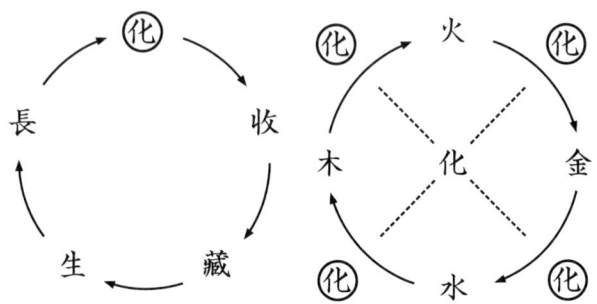

그렇지만 한없이 흩어지는 힘[長]에서 다시 수렴[收]시키는 과정이 현실적으로 가장 어렵습니다. 그래서 장과 수 사이에 화(化)를 배치합니다. 화는 장과 수 사이에서 조정자 역할을 하며 자기의 모습을 드러내고 있는 것입니다. 이를 시간의 순서대로 다시 배치하면 생장화수장(生長化收藏)이 됩니다.

시간의 순서대로 자신의 힘이 다하면 그 다음 걸음으로 넘겨줍니다. 이는 자신이 늙으면 그 자식에게 주도권을 넘겨주는 인간의 '내리사랑'과도 같은 것이며, 이 같은 과정을 상생이라고 하는 것입니다.

즉 봄에 싹이 돋아 자라고(生), 여름에 잎이 나며 무성해지고(長), 다시 무성한 힘이 정지되어 마디인 전환점을 이루고(化), 가을의 찬바람 속에 열매를 맺습니다(收).

겨울이 되어 씨앗은 땅속에 떨어져 잠들며 생명력을 내부로 모았다가(藏), 봄이 되어 다시 뛰쳐나오는(生) 순환 속의 '내리사랑'……. 이 과정이 바로 상생의 실상이며, 우주의 질서인 것입니다.

상생의 과정은 木火土金水 이면의 뜻인 生長化收藏으로 설명하면 더욱 확실해집니다.

태초에서 미래까지

　현대 과학은 지금으로부터 약 100~150억 년 전에 한 점만큼 작은 고밀도의 우주가 대폭발(Big Bang)해 현재의 우주가 되었다고 합니다. 동양의 상생론에 의하면 우주가 시간 속에서 어떤 여정을 거치는지 더욱 소상해집니다.
　태초 이전의 우주는 한 점이었습니다. 그때의 우주는 어머니 자궁 속의 수정란처럼 작고 보잘것없었습니다. 잠자고 있는 우주였던 것입니다. 이때를 오행에서는 장(藏)의 겨울 같다고 합니다.

　어느 날, 잠에서 깨어나듯 우주는 열립니다. 마치 알껍데기를 깨고 탄생하는 병아리처럼 말입니다. 이를 현대 과학에서는 빅뱅(Big Bang)이라고 하며, 바로 탄생의 순간인 것입니다.
　오행의 첫 번째 행보인 생(生[木])은 이렇게 시작합니다. 이 생(生)의 걸음걸이는 앞에서 밝혔듯이 나선형의 '乙' 자 모양입니다.
　우주 역시 태초에는 나선형의 걸음걸이로 시작합니다. 이때 그 나선의 숫자는 짝수입니다. 왜냐하면 폭발하거나 분열할 때 짝수로 나뉘어야 순환의 관정을 거친 후 처음으로 돌아올 수 있기 때문입니다.

만약 나선의 숫자가 홀수라면 우리의 우주에서는 생명이 탄생할 수 없습니다. 생명 역시 짝수로 분열합니다. 태초의 우주가 짝수의 분열을 거듭했으므로 우주의 자식인 생명체 역시 짝으로 분열하는 유전 정보를 받게 됩니다. 또 하나 분명한 사실은 나선의 끝은 송곳처럼 뾰족하다는 것입니다.

서양 과학은 우주의 모습이 마치 '말의 안장' 같다고 이야기합니다.

그 후 시간이 흘러(우주의 시간은 동양의 수학으로만 풀 수 있습니다.) 우주는 두 번째 걸음걸이로 옮깁니다.

바로 장(長[火])의 걸음걸이입니다.

두 번째 걸음걸이인 장(長)의 특징을 기억하십니까? 나뭇잎이나 손바닥처럼 두께는 얇지만 넓게 퍼진 허장성세의 모습입니다.

아인슈타인에 의해 밝혀진 현 우주의 모습은 시공 연속체로서 두께가 곳곳마다 다른 풍선에 바람을 불어넣은 것처럼 울퉁불퉁하고 제멋대로입니다. 게다가 속은 비어 있으면서 얄팍한 공간 모습입니다. 공간도 팽창하고 시간도 미래를 행해 늘어나고 있습니다.

현 우주에서 장(長)의 걸음걸이를 봅니다.

사실 시간은 숲의 걸음걸이에 와서 비로소 열매를 맺습니다. 즉 시간의 제약을 벗어난다고 할 수 있습니다. 그러나 지금의 의식세계로는 이해하기 힘듭니다. 예를 들면 사람은 장년기에 들어서야 인생의 과거, 현재, 그리고 미래를 한 생각 속에 담을 수 있는데, 이와 비슷하다고 할 수밖에 없습니다.

시간은 계속 흘러 장(長)의 힘이 흩어질 대로 흩어진 다음 생장수장(生長收藏)의 주재자인 화(火[中央土])가 불쑥 얼굴을 드러내면 팽창하는 우주는 정지됩니다. 우주의 큰 마디(전환점; turning point)가 생기는 것입니다.

상생의 흐름은 계속됩니다. 팽창은 끝나고 수축이 시작되며 우주는 수(收[金])의 걸음걸이를 걷습니다. 그러나 스티븐 호킹 박사가 예언한 것처럼 시간이 거꾸로 흐르는 과정은 아닙니다. 오행론을 토대로 볼 때 시간은 계속 미래로 진행합니다. 왜냐하면 우주의 공간이 수축한다 해도 잠든 것은 아니기 때문입니다.

가을에 열매가 성숙하듯 우주의 공간 밀도는 높아집니다. 밀도가 높아질수록 은하계는 열매처럼 둥글어지고 살이 찝니다. 또한 다른 은하계와 통합되기도 합니다.

그 후 마침내 장(藏[水])의 행보가 다가옵니다. 더 이상의 고밀도를 견딜 수 없는 우주는 대통합을 위한 작은 섬광과 함께 깊은 잠으로 빠져듭니다. 대우주 전체가 하나의 블랙홀이 되는 것입니다.

드디어 시간은 역전하며 급속히 태초의 시간대로 바뀌며 공간은 시야에서 사라집니다. 깊은 잠에 빠진 우주는 꿈을 꿉니다. 장자가 나비를 꿈꾸듯, 나비가 장자를 꿈꾸듯 말입니다.

잠을 잔다는 것은 깨어날 내일을 기약합니다. 또한 오늘을 바탕으로 내일이 설계되듯 깨어날 다음의 우주는 지금의 우주를 본떠 만들어집니다. 왜냐하면 우주는 한 번의 순환 속에 영원(永遠)을 간직하고 있기 때문입니다.

대우주의 순환 역시 인간 가족의 내리사랑과 같은 원운동을 합니다. 대우주의 자식인 삼라만상 모든 존재들은 동일한 유전정보를 받고 있습니다. 우주 가족들은 상생의 사랑 속에 영원합니다.

상극의 고리

이번에는 상극의 고리를 이해해 봅시다.

보편적으로 식물은 다섯 가지 구성 요소에 의해 관찰될 수 있습니다. 다섯 가지는 다음과 같습니다.

뿌리

줄기

나뭇잎

열매

꽃

이 다섯 가지를 오행에 배속시키면 어떻게 될까요? 토실토실하게 열매를 맺은 것은 金에 배속합니다. 뿌리는 땅속에 감추어져 있으니 水에, 줄기는 송곳처럼 뚫고 나가니 木에 배속합시다. 그러면 나뭇잎과 꽃이 남는데 하나는 火(長)일 것이고, 또 하나는 土(化)일 것입니다. 어떻게 나뉠지 알쏭달쏭하죠?

나무의 정신은 오행 중에서 '生'(木)에 있습니다. 그러나 나무 역시 木火土金水 다섯 행보를 다 걷고 있는 것입니다. 나무뿐 아니라 당신과 나, 그리고 삼라만상 모두가 다섯 행보 속에서 살아갑니다.

이럴 때 우리가 배운 상생의 관계를 응용하면 아주 쉽습니다.

상생에서 土는 金을 생(生)한다 했습니다(土生金).

金은 열매인데, 열매로 바뀌기 전의 단계는 나뭇잎이 아니고 바로 꽃입니다. 꽃이 피고 그 꽃이 지면서 열매를 맺는 것이 식물의 공통적인 특징입니다. 그래서 꽃을 土에 배속시키고 化의 작용을 한다고 보는 것입니다. 옛사람들이 꽃을 花라고 하여 化의 모습이 풀(艸+化)에 나타난 것이라고 한 것도 이런 이유에서입니다. 당연히 나뭇잎은 무성하게 펼쳐진 火(長)의 모습인 것을 알 수 있습니다. 이제 이같은 배속을 그림으로 옮겨 봅시다.

하등식물들도 木火土金水의 오행을 모두 가지고 있는데, 어느 한쪽으로 치우쳐 오행의 균형이 깨어진 경우가 많습니다. 그러나 고등하게 진화된 속씨식물은 木火土金水가 골고루 드러난 균형 잡힌 모습을 보여줍니다.

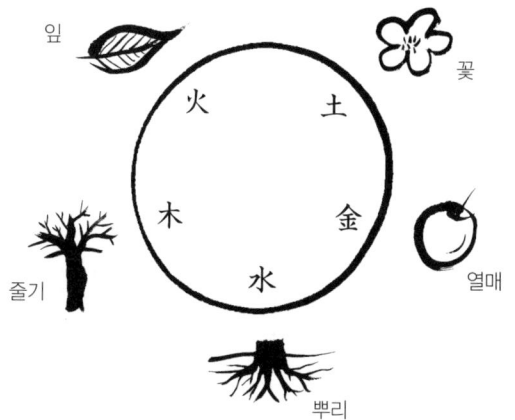

먼저 상생으로 보면 뿌리에서 줄기가 뻗어나고(水生木),

줄기는 그 끝에 나뭇잎을 달며(木生火),

나뭇잎 사이로 꽃이 피어 암술과 수술이 음양의 조화를 이루고(火生土),

조화의 결실로 열매를 맺으며(土生金),

성숙한 열매는 땅에 떨어져 새로운 생을 기다리며 깊은 잠에 빠집니다(金生水).

그런데 이러한 과정을 잘 들여다보면 보이지 않는 또 다른 힘이 작용하고 있음을 알 수 있습니다.

바로 상극(相克)의 힘입니다.

상극은 어떠한 질서 속에서 형성되고 있는지 함께 봅시다.

열매를 맺으면 줄기는 시든다

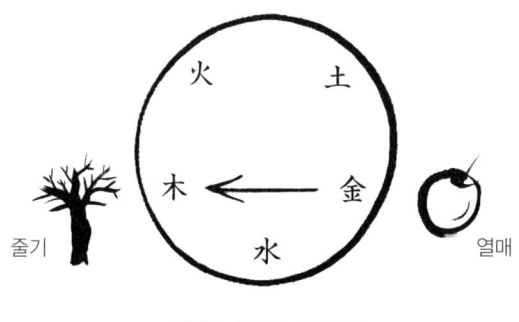

열매와 줄기가 싸우면?

가을 녘 황금벌판을 본 적이 있습니까? 허수아비는 춤을 추고 농부들은 참새 떼를 쫓느라 휘이휘이 소리칩니다. 벼가 고개를 숙이고 익어 갈수록 줄기는 노랗게 시들어 갑니다. 벼는 줄기를 통해 영양과 수분을 공급받습니다. 그러나 받을 것을 다 받은 가을이 되면 탯줄을 자르듯 줄기와 결별을 고합니다.

즉 열매가 익는다는 것은 줄기가 죽어 간다는 것을 의미합니다.

열매의 여물음은 줄기를 죽이는 힘이 있습니다.

이러한 내면의 힘을 통해 금극목(金克木)의 뜻을 추상합니다.

대부분의 일년생 식물은 열매가 익으면서 줄기가 시들어 갑니

금극목(金克木): '쇠가 나무를 이긴다.'라고 해석하면 상극을 이해했다고 할 수 없습니다. '열매가 익으면 줄기는 시들어 간다.' 정도로 유추하면 상극을 이해하는 첫걸음을 내디딘 것입니다.

다. 줄기는 물(생명력)이 상승(木)하는 상징으로, 새로운 생명인 열매가 성숙되면 자연적으로 자신의 임무를 마치게 됩니다.

이 관계를 오행에서 金이 木을 억제한다는 뜻으로 金克木이라고 하는 것입니다. 마치 쇠로 나무를 찍어내듯 열매는 줄기를 이깁니다.

잎이 무성하면 열매가 부실하다

잎와 열매가 싸우면?

그런데 열매 역시 꼼짝 못하고 억제당하는 경우가 있습니다. 바로 나뭇잎이 열매를 억제합니다.

여러분은 앞에서 얘기한 따뜻하고 환한 실험실에서 잡초가 되어 버린 벼를 기억하실 겁니다. 잎사귀가 무성하면서 대부분 열매를 크게 맺지 못하거나 아예 열리지 않습니다.

풀과 나무의 경우를 봅시다.

풀은 나무에 비해 줄기는 보잘것없으나 잎은 무성합니다. 그 결과 풀은 상대적으로 작은 열매나 씨앗이 맺힐 수밖에 없는 것입니

> 화극금(火克金): '쇠를 만들기 위해서는 불의 제련을 받아야 한다.'라고 이해하면 相克을 응용할 수 있는 수준입니다.

다. 또한 풀 중에서도 줄기는 보잘것없으면서 잎사귀가 많고 풍성하면 거의 열매가 부실합니다. 열매를 맺어도 씨라고 부르는 경우가 대부분입니다.

잎은 여름의 허장성세에 의해 밖으로만 화려하게 펼치는 데만 관심을 둡니다. 그 결과 속이 가득 차야만 하는 열매는 영글지 못하는 것입니다.

이를 오행에서 화극금(火克金)이라고 하며, 火가 金을 억제한다는 뜻입니다. 마치 불이 쇠를 녹이듯 나뭇잎은 열매를 이깁니다.

겨울이면 잎은 시들고

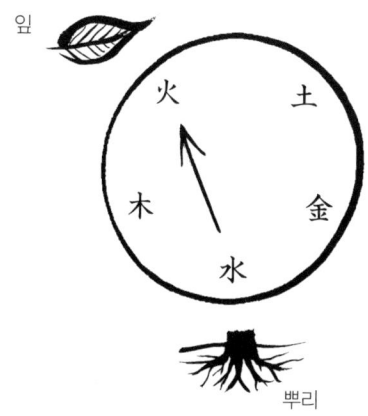

잎과 뿌리가 싸우면?

잎사귀 역시 천적이 있습니다. 뿌리가 잎을 억제합니다.

잎은 뿌리에서 흡수한 물을 공급받으며 자라고 있습니다. 만약 뿌리에서부터 물이 제대로 상승하지 않으면 제일 먼저 말라 죽는 것은 잎사귀입니다. 겨울이 되어 식물의 뿌리가 가장 충실해질 때 나뭇잎이 다 떨어져 버리는 것은 이 같은 이유 때문입니다.

이와 같은 이치를 수극화(水克火)라 하는데, 뿌리가 잎을 억제하는 모습에서 추상합니다.

수극화(水克火): '잎이 무성해지는 것은 뿌리에서 오른 물(水氣)의 克을 받았기 때문에 가능하다.'라고 이해하면 역시 상극의 응용이 가능합니다. 배추처럼 잎이 무성한 식물은 화기(火氣)는 적고 수기(水氣)는 많아 자주 먹으면 몸을 차갑게 식히는 작용을 합니다.

좀 더 자세히 다른 각도에서 봅시다.

잎은 火와 같은 성질로서 허장성세의 당당함이 표면에 펼쳐져 있어 힘의 방향으로 볼 때 외향적입니다. 반면 뿌리는 땅속에 묻혀 장(藏)을 위주로 하며 내실(內實)을 귀중히 여깁니다.

우리는 앞에서 열매의 관심사가 내실이라고 알아보았습니다. 그렇지만 뿌리는 열매가 땅속에 들어가 더욱 다져지고 눌려 형성된 것으로 힘이 더욱 깊이 농축되었다는 것을 알 수 있습니다.

열매와 뿌리는 金과 水로서 힘의 방향이 둘 다 내부로 향하지만, 열매는 표면까지만 굳어 있고 뿌리는 속까지 일점으로 단단해져 있다는 것을 구별해야 합니다.

하여튼 겨울이 되어 모든 관심이 내면으로 향해 뿌리에 장(藏)하게 되면 허장성세의 잎들은 말라 죽게 됩니다. 마치 물로 불을 끄듯이 뿌리는 잎사귀를 이깁니다.

우후죽순(雨後竹筍)

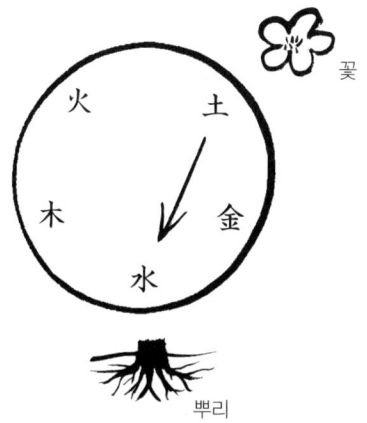

꽃과 뿌리가 싸우면?

이번에는 뿌리의 천적을 알아보도록 하겠습니다.

그림을 통해 알 수 있듯이 뿌리의 천적은 꽃입니다. 하지만 꽃이 뿌리의 천적이란 말은 쉽게 이해하기 어렵습니다.

예를 들어 봅시다. 우후죽순(雨後竹筍)! 비 온 뒤에 죽순이 자라는 것을 본 적이 있습니까?

대나무의 줄기는 세상의 어떤 나무보다도 빠르고 강력하게 자랍

토극수(土克水): 물의 형태가 부드러운 것은 土의 克을 받아서 '연(軟)'해진 것이고, 인삼의 뿌리를 약으로 쓰는 것은 뿌리(水) 속에 있는 土의 기운을 뽑아내는 것입니다. 인삼 뿌리는 비위(脾胃)에서 토화(土化) 작용을 강화시킵니다.

니다. 24시간 동안 무려 100cm까지 자란 것도 있다고 합니다.

그런데 대나무에 꽃이 핀다는 것을 아는 사람은 드뭅니다. 대나무에 꽃이 피면 그 대나무는 곧 죽어 버리기 때문입니다. 약 60년 정도에 한 번 꽃을 피우는 대나무는 곧 죽음을 맞이합니다. 이를 개화병(開花病)이라고 하기도 하는데, 꽃이 뿌리를 억제하는 모습을 잘 보여주고 있습니다.

대나무에 꽃이 피면 뿌리가 죽어 버리는 모습을 통해 토극수(土克水)를 추상합니다.

식물에서 꽃이 핀다는 것은 다음 세대가 시작되는 서곡과도 같습니다. 다음 세대가 꽃으로 시작되면 그 부모인 뿌리는 생명력이 시들어 갑니다.

이런 현상은 하등동물에서도 볼 수 있습니다. 거미는 자신의 몸을 새끼들에게 먹여 키웁니다. 다음 세대의 탄생이 앞 세대의 생명을 앗아갑니다. 자식이 음양의 조화로 탄생될 때 자식의 뿌리인 부모는 생명력을 잃어 갑니다. 꽃이 피어 다음 세대의 시작을 알리면 그 식물의 생명을 담고 있는 뿌리는 성장이 억제됩니다.

뿌리를 한약으로 쓰는 많은 식물들은 꽃이 피고 나면 뿌리에 심이 박히는 경우가 많아 약효가 떨어집니다. 꽃은 뿌리를 뒤흔들고 그 생명력을 위협합니다.

꽃이 뿌리를 억제하는 모습에서 토극수(土克水)의 모습을 추상해 봅시다.

대나무는 꽃이 피기 어렵다

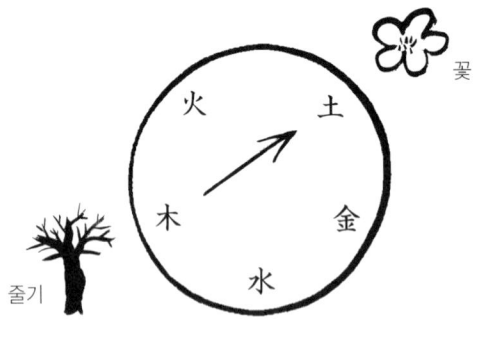

줄기와 꽃이 싸우면?

 대나무에서는 이 그림과 같은 모습을 볼 수 있습니다. 우리는 줄기가 위로 뻗어 올라가는 것을 木이라 하고 생의 뜻이 가장 많다고 알아보았습니다. 대나무는 그 이치에 충실한 표본입니다.
 그런데 줄기가 왕성하게 자라면 꽃이 피기 어렵습니다. 줄기는 꽃을 이기기 때문입니다. 이것을 오행에서는 목극토(木克土)라고 합니다.

 줄기에 가지고 있는 木의 생명력은 그 식물 자체의 생명력으로,

그 생명력을 오래 보존하기 위해서는 꽃을 피워서는 안 됩니다. 꽃을 피우면 다음 세대에 자신의 생명력을 넘겨주어야 하기 때문입니다.

줄기가 꽃을 억제하는 모습에서 목극토(木克土)를 추상해 봅시다.

목극토(木克土): '목련 꽃봉오리(辛夷)가 막힌 코를 뚫는다.'라는 말을 이해하면 木克土의 진의(眞意)를 파악하신 겁니다. '나무가 죽어 흙이 되고 줄기 끝에 꽃이 피며, 나무(木)의 진정한 삶의 목적은 꽃[土]을 피우기 위함이다(木極生土).'라고 이해한다면 상극지리(相克之理)의 정상이라고 할 수 있습니다.

이상에서 보듯이

줄기[木]는 꽃[土]을 이기고,

꽃[土]은 뿌리[水]를 이기고,

뿌리[水]는 잎[火]을 이기고,

잎[火]은 열매[金]를 이기고,

열매[金]는 줄기[木]를 이기는

먹고 먹히는 힘의 사슬을 상극의 순환이라고 하는 것입니다.

부부 싸움과 상생 상극

부부 싸움을 하였습니다.

아내는 화가 나서 입을 다물고 말을 하지 않습니다. 아내의 입을 열게 하는 방법에는 여러 가지가 있지만 가장 간단한 것은 무엇일까요?
같이 말을 안 하는 것입니다(水生木).

'수생목(水生木)'은 '밟아야(水; 응고력) 일어난다(木; 분출력).'는 뜻입니다.

참다못한 아내가 드디어 입을 열었습니다.
가슴속에 가득 찬 불만을 두서없이 몇 마디씩 터뜨리고 다시 입을 닫습니다. 속마음을 다 드러내지 않습니다.
이때 아내의 불만을 모두 터져 나오게 하여 속마음을 끄집어내는 방법이 있습니다.
아내가 말할 때마다 어긋한 소리로 약을 올리는 것입니다(金克木).

'금극목(金克木)'은 '터져 나오는 분출력(木)을 모아 주어야(金; 흩어진 것을 모은다) 강해지며, 남김없이 나온다.'는 뜻입니다.

가슴에 찬 불만이 입 밖으로 터져 나오는 것을 木

이라고 합시다. 木이 뚫고 나오게 하는 데는 항상 두 가지 방법이 있습니다. 하나는 水生木의 상생의 힘이고, 또 하나는 金克木의 상극의 힘입니다.

가슴속에 들어 있는 말을 나오게 하려면 먼저 더 눌러줍니다. 마치 씨앗이 싹트려면 땅속에 꾹꾹 눌러 묻는 것처럼 말입니다.

이를 水生木이라 합니다.

이때 조심할 것이 있습니다. 너무 눌러 버리면 안 나온다는 것입니다. 가슴속 불만의 크기를 잘 가늠하고 적당히 눌러 주어야 합니다. 땅에 떨어진 씨가 그해 겨울이 너무 추우면 얼어 죽어버리는 것과 같습니다.

눌려 있던 불만이 터져 나올 때는 두서없이 분출되는 경우가 허다합니다. 그 결과 입씨름을 벌여 감정만 상하기 십상입니다.

이럴 때 아내가 가지고 있는 불만의 핵심으로 이야기를 몰고 가는 것이 현명합니다.

감정 폭발로 의미 없이 나오는 말은 요령껏 막아 버리고 약을 올립니다. 또 엉뚱한 이야기로 화를 내면 역시 살짝 막아 버립니다. 그러면 아내는 이런 식으로는 안 되겠다 싶어 잘못된 남편의 행동에 대해 정곡을 찔러 조리 있게 속마음을 털어놓습니다. 이처럼 터져 나오는 말을 잘 추슬러 핵심으로 몰아가는 것을 금극목(金克木)이라고 합니다.

'대나무'가 힘차게 한 줄기로 뻗어 오르는 것은 자체의 단단한 재질이 분출하는 양기(陽氣)를 잘 모아주기 때문에(金克木) 가능합니다. 또한 비가 많이 와서 물의 응고력이 강하게 작용할 때(水生木) 대나무는 우후죽순으로 솟아오릅니다.

대나무 줄기
金克木(堅)

뿌리
水生木(固)

金의 표면만 굳어 있는 것을 견(堅)이라 하고, 水의 이면까지 굳어 있는 것을 고(固)라고 합니다.

이는 봄이 되어 새싹이 땅 위로 뚫고 나올 때, 힘을 한곳에 모아 효율적으로 올라오기 위해 송곳처럼 뾰족해지는 것과도 같습니다. 여기서 우리는 木이라는 생명력이 발동하기 위해서는 두 가지 힘이 필요하다는 것을 알 수 있습니다.

그것은 바로 상생과 상극의 힘입니다.

水生木을 통해 감추어졌던 장(藏)이 木의 생명력을 줍니다. 木은 뚫고 일어나기 위해 水의 어둠 속에서 더욱더 눌리고 있었습니다. 즉 木의 생명력은 水에서 나왔습니다.

그런데 이러한 木의 생명력이 땅을 뚫고 나올 때 그 힘을 막아 잘 추슬러 주는 金의 힘이 필요했습니다. 앞에서 공부했듯이 金은 木을 억제하는 천적입니다. 가을에 열매를 만들면 줄기는 말라 버리지만, 오히려 봄에는 줄기가 뻗쳐오를 때 金이 적당히 억제하여 木의 생명력이 흩어지지 않고 한 줄기로 힘차게 뻗어 오르게 도와주고 있습니다.

이처럼 상극은 나를 죽이기도 하지만 때로는 시련을 주어 나를 다듬어 주는 고마운 힘입니다.

이제 정리해 봅시다.

木에게 생명력인 알맹이를 주는 것은 수생목의 상생에서 이루어지고, 木이 한 줄기로 뻗어 오르는 형태의 껍데기를 다듬어 주는 것은 금극목의 상극에 의해 이루어집니다.

알맹이는 상생에서 취하고,

껍데기는 상극에서 취합니다.

좀 어려운 말로 표현하자면 알맹이를 신(神)이라 하고 껍데기를 형(形)이라 하면, 상생은 신을 만들고 상극은 형을 만듭니다.

모든 존재의 모습

형(形)은 상극에 의해, 신(神)은 상생에 의해 이루어집니다.

모든 존재는 음양으로 이루어져 있습니다.

나의 껍데기는 상극에 의해 만들어진 형(形)으로서 음이고,

나의 알맹이는 상생에 의해 만들어진 신(神)으로서 양입니다.

그래서 상극인 육체의 고통과 제약이 없이는 상생의 마음이 성숙되지 않습니다.

인간과 우주는 상극의 투쟁을 통해 상생의 내리사랑을 다져 가고 있습니다. 가정의 부부 역시 음양

대립에 의한 상극의 부부 싸움을 통해 상생의 사랑이 익어 갑니다. 그리고 상생과 상극의 조화를 통해 다져진 사랑의 열매가 자식인 것입니다.

맞물려 돌아가는 세상

상생과 상극을 원으로 표현하면 하나는 시계 방향으로 도는 원이고, 또 하나는 시계 반대 방향으로 도는 원입니다.

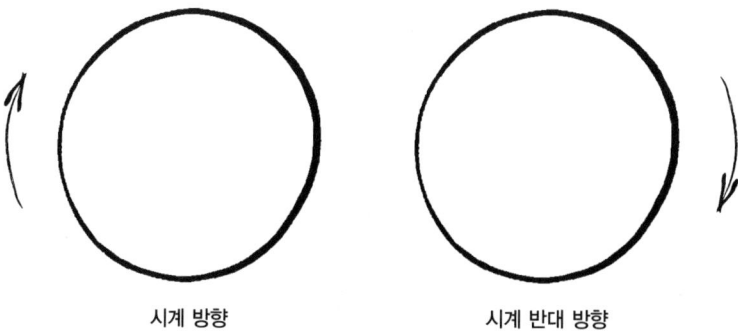

시계 방향　　　　　　시계 반대 방향

여기서 시계 방향으로 도는 원은 상생의 방향이고 시계 반대 방향은 상극의 방향입니다. 그럼, 두 원을 합쳐 봅시다.

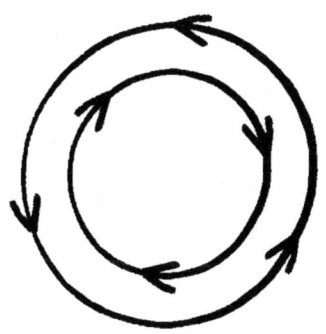

시계 방향의 상생 순환으로 돌면 양이 음을 뒤집어 쓰고 일어나며, 시계 반대 방향의 상극 순환으로 돌면 음이 양을 안고 잦아들어 갑니다. 평면의 원을 입체로 바꾸어 보면 소라의 모습처럼 됩니다.

안에서 도는 원은 시계 방향이고 밖에서 도는 원은 시계 반대 방향입니다.

시계 방향으로 도는 것은 좌선(左旋)이라 하고 시계 반대 방향으로 도는 것은 우선(右旋)이라고 합니다. 좌선과 우선은 상생 상극의 단면을 극명하게 보여주고 있으며, 삼라만상이 음과 양으로 맞물려 있다는 것을 잘 보여주고 있습니다.

합쳐진 두 원의 한 부분을 잘라서 봅시다.

시계 방향으로 돌면 밖으로 나오고 시계 반대 방향으로 돌면 속으로 들어갑니다.

하나는 올라가고 다른 하나는 내려가고 있습니다. 바깥에서 내려가는 화살표는 상극의 과정에서 생기는 형(形)을 뜻하고, 안에서 올라가는 화살표는 상생의 과정에서 생기는 신(神)을 뜻합니다.

화살표를 펼쳐 봅시다.

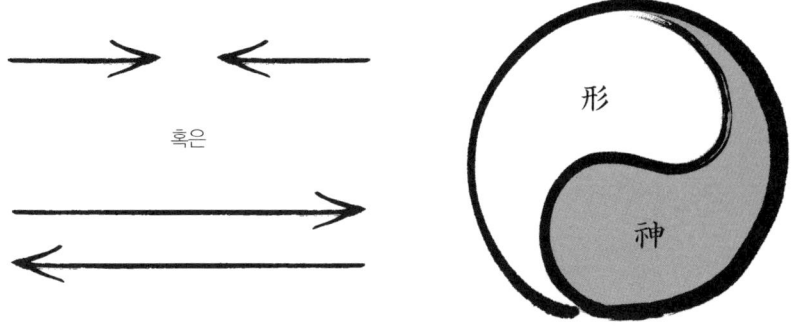

화살표는 일대일의 힘을 가지고 있으며 서로 방향이 정반대입니다. 한쪽의 화살표는 음이고 또 다른 쪽은 양입니다.

상생과 상극으로 순환하는 두 원을 합쳐 그 단면을 자르면 어느 쪽이든 일대일의 힘이 정반대로 맞물려 있는 것을 알 수 있습니다.

삼라만상은 모두 이 같은 단면에 의해 형성됩니다. 돌이든 나무든 인간이든 이 원칙에 벗어나는 것은 아무것도 없습니다.

시계 반대 방향으로 도는 원은 삼라만상의 형(形)을 만듭니다. 시계 방향으로 도는 원은 삼라만상의 신(神)을 만듭니다. 좌선과 우선은 원운동을 하는 우주의 역학적 구조와 같습니다. 이면에서 좌선하며 신이 운행하고, 표면에서 우선하며 형이 만들어지는 것입니다. 그래서 우주나 삼라만상의 단면을 잘랐을 때 형과 신은 항상 일대일로 맞물려 있는 것입니다.

상생 상극 역시 음과 양으로 맞물려 오행을 돌리고 있는 것입니다.

상생 상극을 마치고

우주는 태극으로 존재하며 음양의 승부 작용을 일으키고 있습니다. 양이 다하면 음이 시작되고, 음이 다하면 양이 시작됩니다. 음과 양은 끊임없이 순환하고 있습니다.

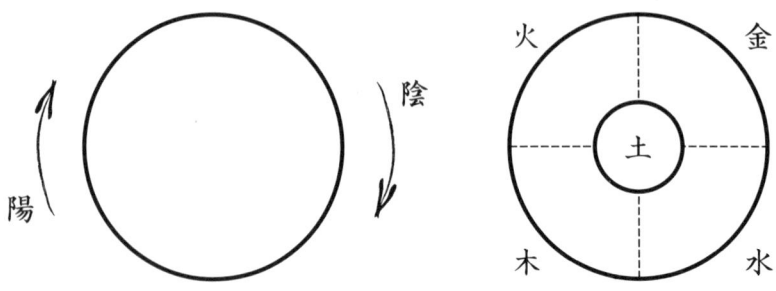

사상(四象)과 오행(五行)은 근본적으로 다릅니다. 사상이란 말 그대로 네 개의 상(象; 코끼리 ≒ image)으로서 공간적인 것이고, 오행은 말 그대로 다섯 개의 움직임(行; phase-변화하는 과정의 한 국면)으로서 시간적인 것입니다.

음양을 펼치면 사상(四象)으로 나뉘고 사상의 마디인 土를 합치면 오행으로 나뉩니다.

오행은 목화토금수의 순서로 순환하고 있습니다. 그런데 오행은 저절로 돌아가는 것이 아닙니다. 다섯 가지 걸음걸이를 걷는 두 발(상생, 상극)의 노력에 의해 돌 수 있는 것입니다.

　상생과 상극은 각 걸음걸이의 이면에서 밀고 당기며 적당한 보폭을 유지하게 합니다.

　우주를 순환하는 길은 당나귀가 끌고 있는 수레를 모는 것과 같습니다. 때로는 당근을 매달고 때로는 채찍으로 후려치며(carrot and stick) 당나귀를 부립니다. 당근을 너무 많이 주면 당나귀는 게을러지고 꾀를 피웁니다. 채찍만 너무 후려치면 주저앉아 쓰러져 버립니다. 당근과 채찍이 조화를 이룰 때 당나귀가 끄는 수레는 잘 굴러갑니다.

　앞에서 우리는 상생 상극에 대한 여러 가지 예와 비유를 통해 그 의미를 밝혀 보았습니다. 그러나 상생과 상극은 형이상학적인 개념이라서 인간의 감각으로는 느끼기 어려운 것입니다. 앞에서 식물을 예로 들었지만 그 예는 상생과 상극을 추상하는 하나의 방법을 제시한 것에 불과합니다. 동일한 식물을 두고 또 다른 해석이 가능한 것입니다.

　동양 학문의 깊이는 시각을 바꾸어 사물을 관찰하는 데 있습니다. 인간이 어떻게 해석을 내리고 판단하든 간에 그 대상은 변함이 없습니다. 또한 우주는 '이것이다'고 정의를 내리는 순간 이미 그 실체는 저만큼 달아나 버립니다. 그래서 다양한 시각을 통해 사물을 관찰해야만 그 이면의 숨은 곳까지 볼 수 있는 것입니다.

우주와 삼라만상은 음양이 합일되어야만 존재할 수 있듯이 상생 상극의 두 힘이 맞물리지 않고 존재하는 것은 하나도 없습니다. 세상의 모든 현상과 사물은 상생 상극의 이치를 통해 해석할 수 있습니다. 수많은 대상을 설정해 상생 상극의 이치를 적용시켜 보십시오. 여러분의 시야가 점점 넓어지는 것을 느낄 것입니다.

생극지리에 밝아지면 음양의 역동성이 더욱 명확해지고, 갑자기 평면의 태극도가 입체로 보이게 될 것입니다.

쇠 껍질로 싸인 나무
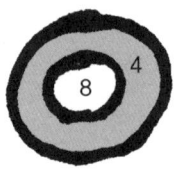

나무가 숨어 있는 쇠
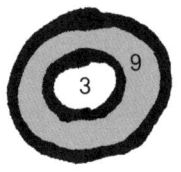

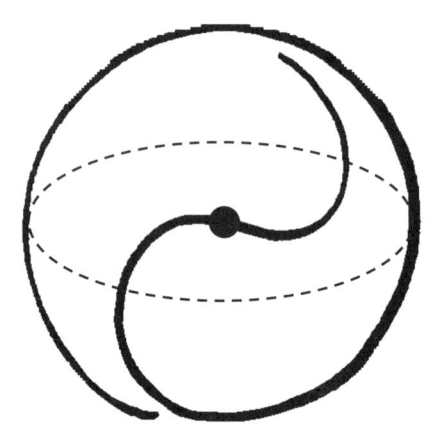

또한 목화토금수 역시 안팎으로 나뉘어 보일 것입니다.

나무는 쇠 껍질로 덮여 있고,
쇠 속에 나무가 숨어 있으며,
흙 위에서 뛰노는 불이 있고,
불을 속에 감추고 흙 속에서 잠자는 물이 있습니다.

물의 껍질을 쓰고 흙 위에서 뛰노는 불

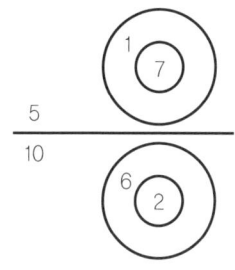

불을 속에 감추고 흙 속에 잠자는 물

우리 모두 눈을 뜨고 봅시다.

5장
오행이 펼치는 세상

오행을 모르고는 동양을 알 수 없습니다.
동양의 기본적 사유 방법과 수많은 문화유산은
오행이라는 패러다임을 바탕으로 형성되었기
때문입니다.
이 장에서는 오행이 어떻게 현실에
응용되는지를 배워 봅시다.

우주 속의 무수한 우주들

시간과 공간이 합쳐져 태극을 이루고 있는 현 우주를 대우주라 가정해 봅시다.

대우주의 시공 속에는 헤아릴 수 없이 무수한 소우주가 존재합니다. 밤하늘의 은하수, 태양계, 지구, 소나무, 호랑이, 인간, 딱정벌레…….

크고 작은 소우주들이 제각기 태극을 이루며 대우주의 품속에서 살아가고 있습니다. 그리고 부모인 대우주를 그대로 닮은 모습들입니다. 이러한 상황을 그림으로 비유하면 다음과 같습니다.

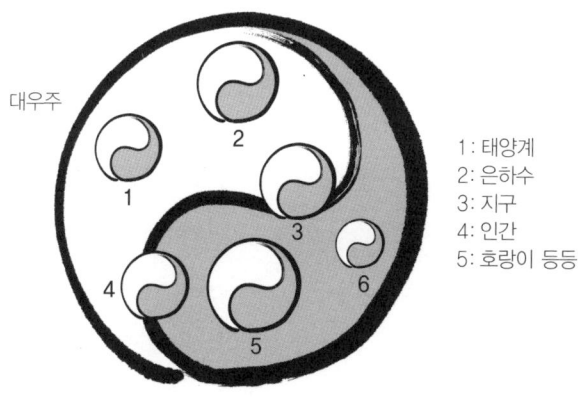

오행이 펼치는 세상

우주는 차별[五行; 木火土金水]의 세계와 무차별[太極; 陰陽]의 세계가 공존합니다.

거대한 대우주의 태극 속에 무수히 많은 소우주의 태극이 가득 차 있습니다.

그런데 여기서 세 가지를 주목해 보아야 합니다.

첫째, 대우주라는 하나의 태극 속에서 수많은 소우주들은 하나로 통합된다는 것입니다. 대우주의 품속에서는 너와 나의 구분이 없습니다.

둘째, 각각의 소우주들을 떼어 놓고 생각해 봅시다. 하나의 소우주는 독립되어 있는 개체로서 각각 자신의 우주를 형성하고 있습니다. 스스로 음양의 순환에 순응하며 독자적인 태극을 이루고 있는 것입니다. 이런 입장에서 보면 모든 소우주는 서로 다릅니다. 너와 나의 구분이 명확합니다.

셋째, 너와 나의 구분에도 불구하고 완전한 단절은 없다는 것입니다. 모든 소우주들은 서로 유기적인 관계 속에서 교류한다는 말입니다. 예를 들면 나와 저 하늘의 구름이 언젠가는 하나로 합쳐질 수 있다는 것입니다. 하늘의 구름이 비가 되어 땅에 떨어지고, 떨어진 물이 샘을 이루어 내가 마시면 그 물은 내 몸의 체액으로 바뀌고…….

시각을 조금 축소시켜 봅시다. 지구를 대우주라고 가정해 봅시다. 대우주로서의 지구라는 태극 속에는 무수히 많은 소우주의 태극들로 가득 차 있습니다.

대우주
―
지구

바다, 강, 구름, 나무, 돌, 인간, 올빼미, 메뚜기 등 수많은 태극들로 가득 차 있습니다.

위와 같은 그림으로 비유할 수 있습니다. 지구 상에 존재하는 수많은 개체들이 각자 작은 태극으로 자신의 소우주를 형성합니다.

인체 속의 소우주

시각을 더 축소시켜 봅시다. 인체를 대우주라고 가정해 봅시다.

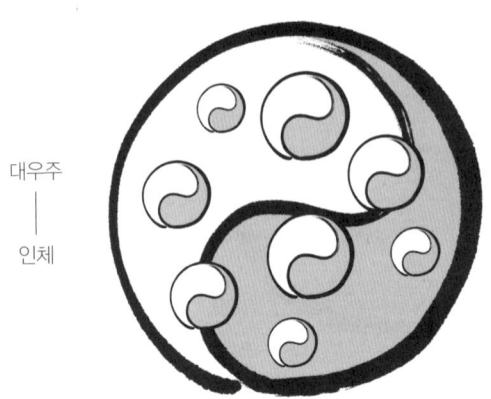

대우주
―
인체

간, 심장, 허파, 눈, 코, 팔, 귀, 세포 등 수많은 태극들로 가득 차 있습니다.

대우주로서의 인체는 시간과 공간이 합쳐져 만들어지는 대우주와 동일한 원리에 의해 존재합니다.

인체는 하나의 대우주로서 큰 태극을 이루고 있고, 그 속에 무수히 많은 소우주들이 작은 태극을 형성하고 있는 것입니다.

자! 인간에게 대우주의 원리를 적용해 봅시다.

첫째, 간은 독립된 소우주로 하나의 태극입니다.

눈, 귀, 세포, 얼굴, 손 역시 독립된 소우주로 하나의 태극입니다.

그리고 얼굴, 손, 귀, 하나의 세포 등등의 소우주는 대우주인 인체를 본떠 만들어졌습니다.

소우주는 대우주의 유전 형질을 받은 것이고, 그 결과 대우주를 닮을 수밖에 없습니다.

얼굴에 인체가 담겨 있고,
손에 인체가 담겨 있고,
하나의 세포에도 인체가 담겨 있습니다.

즉 인체에서 각각의 기관(organ)이나 조직(tissue), 심지어 하나의 세포(cell)까지도 전신(whole body)을 반영하고 있습니다.

둘째, 간이나 심장, 콩팥, 눈, 손, 얼굴 등은 서로 유기적으로 연결되어 있습니다.

하늘의 구름이 나와 연관 있듯이 간이라는 소우주가 이상을 일으키면 또 다른 소우주인 눈에서 이상이 생길 수도 있는 것입니다.

인체라는 대우주 속에 존재하는 소우주들은 제각기 독립된 태극이지만 서로가 서로에게 유기적으로 영향을 미치고 있는 것입니다.

인간은 대우주를 가장 많이 닮은 존재입니다. 거대한 대우주인 인간의 몸속에서 음양이 합쳐져 태극으로 역동하는 모습을 그려 보십시오. 그리고 수많은 소우주인 각 장기나 조직들이 천변만화(千變萬化)하며 조화를 일으키는 것을 느껴 보세요.

간은 간이고 나무는 나무다

동양학 공부를 하다 보면 근본적인 의문에 빠지는 경우가 있습니다. 한의학에서는 간을 木이라 하고, 나무 역시 木이라고 합니다.
간이 木이다?! 왜 간이 木일까요?
결론적으로 대답한다면 "간은 木이 아닙니다."

백두산 씨는 성실한 샐러리맨으로 C그룹의 엘리트 사원입니다. 탁월한 실력으로 젊은 나이에 플랜트 수주를 담당하는 기획실 과장이 되었습니다. C그룹은 대기업으로서 회장을 중심으로 여러 계열사와 각 계열사 산하에 수많은 직원들이 있는데, 인사조직의 체계가 피라미드와 같습니다. 백두산 씨는 이 피라미드 중간쯤의 한 부분에 속합니다.
자! 여기서 백두산 씨는 백두산으로 정의되어야 합니까? 아니면 기획실 과장으로 정의되어야 합니까?
간을 간이라고 보아야 하는 이유가 확연해집니다. 기획실 과장이라는 직책은 C그룹이라는 피라미드 구조 속에서의 역할을 나타낼 뿐 백두산이라는 한 인간을 대표할 수는 없는 것입니다.
즉 간은 간입니다. 인체를 C그룹으로 볼 때 간은 백두산이라는 독립된 한 사람의 인격체이고, 간을 木이라 함은 유기적인 인사 조직 체계에서 기획실 과장이라는 자신의 역할을 나타내기 위함입니다. 인체 내에서 오장이 다섯 걸음의 순환을 할 때 간이라는 소우주의 역할이 木의 성질을 가장 많이 가지고 있기 때문에 간을 木에 배속하고 木이라고 할 뿐입니다.

《음양이 뭐지?》에서 소개한 '주인'과 '손님'의 개념으로 말하자면, 간의 주인은 木의 성질을 가장 많이 보여주고 있는 것입니다.

간은 관점을 바꾸어서 보면 金이라고도 할 수 있습니다. 또한 하나의 소우주로 木火土金水의 힘이 모두 내재되어 있는 태극체인 것입니다.

인체라는 대우주 속에 소우주인 오장(五臟; 간, 심, 비, 폐, 신)이 유기적으로 연결되어 원을 이룰 때 간은 봄[木]의 과정을 대표할 뿐입니다.

백두산은 백두산이지 기획실 과장이 아닙니다. 간은 간이지 木이 아닙니다.

오장이 서로 유기적으로 연결되었음에도 불구하고 각 장기는 스스로 소우주를 이루며 태극으로 완성되어 있습니다. 작은 태극은 큰 태극의 부속품으

《황제내경(黃帝內經)》에서는 간(肝)을 木이라 했고, 이제마 선생의 《동의수세보원(東醫壽世保元)》에서는 행간의 뜻으로 미루어 간을 金으로 보고 있습니다. 간의 몸을 보느냐, 마음을 보느냐의 차이입니다.

로만 존재하는 것은 아닙니다. 간은 간으로 관찰해야 하고, 간을 木이라 함은 간의 특성이 木으로 나타난다는 뜻입니다.

　나무도 마찬가지입니다. 나무는 나무입니다. 나무는 하나의 태극으로 소우주를 이루며 木火土金水를 모두 가지고 있습니다. 나무를 木이라 함은 나무의 개성이 木을 많이 보여준다는 뜻입니다.

원자와 태양계는 동일한 모델을 바탕으로 만들어졌으나, 원자는 원자이고 태양계는 태양계입니다.

　정리를 해 보면, 부분은 전체를 대변합니다.
　부분 속에서 전체의 모습이 드러납니다. 또한 모든 부분이 서로 유기적으로 연결되어 있습니다.
　그러나 부분이 곧 전체는 아닙니다.
　부분은 부분일 뿐이며 전체의 일부분에 불과합니다. 또한 각 부분들은 서로 독립되어 있으며 서로 다른 모습으로 스스로의 소우주를 이루고 있는 것입니다.

현실 속의 오행

우주는 오행이라는 다섯 가지 행보로 순환합니다.

우주가 다섯 걸음걸이의 춤을 춘다면 그 자식인 삼라만상 역시 다섯 걸음걸이의 춤을 추게 되어 있습니다.

오행의 배속이란 인체의 장부나 사계절, 동식물, 바위 등에 우주의 다섯 행보인 목화토금수를 적용한 것입니다.

음양오행은 천지와 삼라만상을 낚는 그물이라고 했습니다. 오행이라는 그물을 인체와 동서남북의 방위에 투망해 보면, 인체와 방위의 숨겨진 뜻이 더욱 분명해질 것입니다.

우리의 선조들은 오행의 질서에 순응해 사회 규범과 문화 양식을 만들어 나갔습니다.

오행의 질서란 곧 자연의 질서이며, 더 나아가 하늘에 순응하는 것이기 때문입니다.

다음 표를 통해 몇 가지 예를 봅시다.

五行	木	火	土	金	水
五方	東	南	中央	西	北
五時	春	夏	四季	秋	冬
五臟	肝	心	脾	肺	腎
五色	靑	赤	黃	白	黑
五味	酸	苦	甘	辛	鹹
五性	收	堅	緩	散	軟
五音	角	徵	宮	商	羽

이 표에서 예시한 것은 하나의 모델에 불과합니다. 자연계의 모든 현상과 사물들을 오행의 질서로 해석할 수 있는 자만이 진실로 자연의 이치를 알 수 있습니다.

동양의 방위

자! 이제 오행이 실제로 현상계에 어떻게 적용되는지 공부해 봅시다. 먼저 방위를 파악해 봅시다.

우리가 쉽게 볼 수 있는 지도는 서양의 방위 개념을 따른 것인데, 북쪽이 위에 있고 남쪽이 밑에 있습니다.

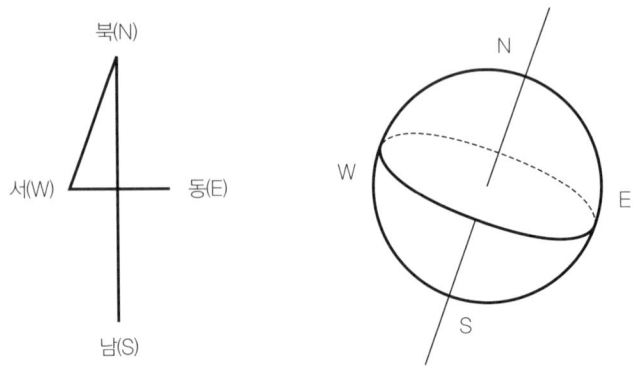

그런데 동양의 방위도를 본 적이 있습니까? 특수한 경우를 제외하고 대부분 북쪽이 밑에 있고 남쪽이 위에 있습니다. 서양의 방위도와 비교해 보면 거꾸로 뒤집어져 있습니다.

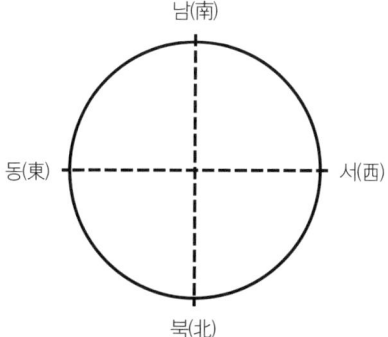

왜 동양의 일반적인 방위도에는 남쪽이 위에 있고 북쪽이 밑에 있을까요?

먼저 사방을 관찰하는 관찰자의 입장이 되어 봅시다.

관찰자의 입장에서 사방을 두루 살피려 하면 동서남북의 어느 곳에 서 있어야 합니까? 바로 정북쪽입니다.

동양에서 말하는 정북쪽은 물질과 에너지가 한 점으로 수렴되어 있는 곳으로 모든 방위 중 가장 어두운 곳입니다. 그곳에 서 있어야 사방팔방을 두루두루 볼 수 있는 것입니다.

동양의 방위도를 볼 때 여러분이 내려다보고 있는 위치가 어디입니까? 정북쪽에 서 있는 것입니다.

사방이 나를 중심으로 펼쳐지는 것을 느낄 수 있지 않습니까?

만일 위의 방위도가 뒤집어져 여러분이 서 있는 곳이 남쪽이 된다면 가장 밝은 곳에서 어두운 곳을 보는 것으로 사방팔방이 전혀 눈에 들어오지 않을 것입니다.

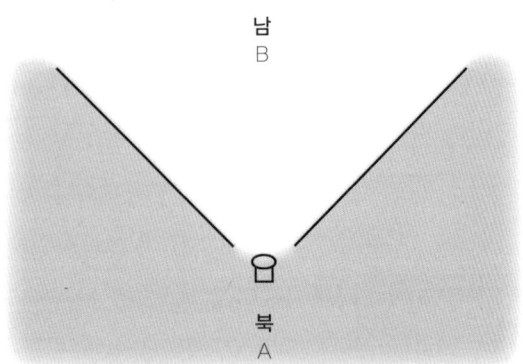

관찰자는 숙명적으로 북방에 서 있을 수밖에 없습니다. 水는 시작과 끝이 맞물려 있는 자리라고 했습니다. 관찰자가 지구 상의 어디에 서 있든 그 자리가 곧 시작되고 끝나는 자리입니다.

플래시에 비유해 볼까요? A라는 사람이 북쪽에서 플래시를 들고 서 있습니다. 자기를 중심으로 동쪽, 남쪽, 서쪽이 다 보입니다.

반대로 B라는 사람은 플래시의 반대쪽인 남쪽에 서 있습니다. B는 눈만 부실 뿐 아무것도 볼 수 없는 것입니다.

동양의 방위도에서 관찰자는 북쪽에서 사방을 조망하고 있습니다.

남쪽을 바라보는 성인

《내경》에서는 '등은 양이 되고, 배는 음이 된다(背爲陽 腹爲陰).'라고 이야기하고 있는데, 등을 북쪽이라고 한 데에는 이유가 있습니다.

태극도를 보면 처음에는 평면 위에 그려진 그림으로만 보입니다. 그러나 시간이 흘러갈수록 태극도가 살아 움직이기 시작하며 입체적으로 느껴지게 됩니다.

등은 陽   배는 陰

시간의 궤적까지 느껴질 때면 마침내 시공을 담고 있는 4차원의 도형임을 알게 됩니다. 동서남북 방위도 마찬가지입니다. 동양의 방위도는 평면에 그려졌지만 입체적으로 조망할 수 있어야 합니다. 자연계는 평면이 아닌 입체로 되어 있기 때문입니다.

우리가 일반적으로 알고 있는 횡적인 동서남북을 그려봅시다.

대부분의 동물들은 등을 하늘로 향하고 있습니다. 햇빛을 많이 보는 쪽에 있는 것이 등입니다. 햇빛을 많이 받으면 몸에 있는 기(氣; Energy)가 등 쪽으로 몰립니다. 즉 등[背]을 양이라 하고 배[腹]를 음이라 한 것은, 인체의 기가 흘러가는 것을 중심으로 음양을 나눈 것입니다. 그러나 등[背]을 북쪽이라고 한 것은 '활동'을 중심으로 관찰한 것입니다.
즉 사람은 앞[腹]쪽으로 전진하거나 활동합니다. 그래서 앞[腹]쪽은 남쪽(陽)이 되고, 등[背]쪽은 북쪽(陰)이 됩니다.
이처럼 기의 측면에서 관찰하느냐 아니면 활동의 측면에서 관찰하느냐에 따라 정반대의 결과가 나타나는데, 이를 체(體)와 용(用)이라고 합니다.

오행이 펼치는 세상 183

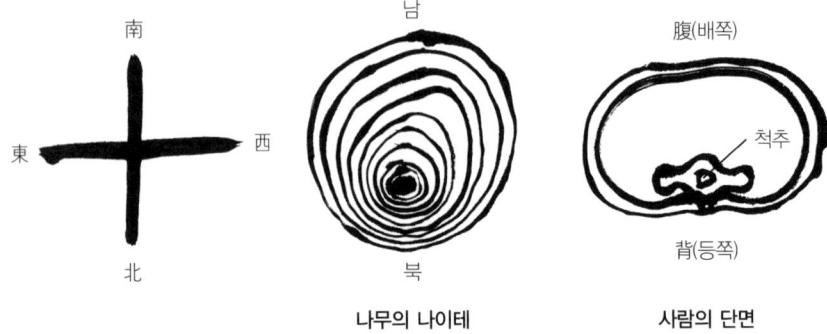

나무의 나이테   사람의 단면

나무의 나이테에서 북쪽은 치밀하고 촘촘합니다. 水의 힘에 의해 응축되어 있는 모습입니다.

반대로 남쪽은 물질적으로 가장 확대된 모습으로 火의 힘에 의해 최대한 펼쳐져 있습니다.

자연히 동쪽은 상승(上升)하는 木의 과정이며 서쪽은 하강(下降)하는 金의 과정입니다.

그리고 사람의 단면을 봅시다.

등을 한자로는 배[背(月+北)]라고 합니다.

정북쪽에서 남쪽을 향하고 있을 때 등은 자연스럽게 북쪽이 되고 배는 남쪽이 됩니다. 이는 단단한 척추뼈(vertebral column)가 북쪽에서 물질이 응축된 모습을 보여줍니다. 《내경(內經)》에 나오는 성인남면(聖人南面; 성인이 남쪽을 향하고 있다)이라는 말은 이 상황을 잘 나타내고 있습니다.

나무는 기립지물(氣立之物)이라 움직이지 않기에 동서남북을 쉽게 구별할 수 있지만, 인간은 신기지물(神機之物)이라서 스스로 남쪽을 면(面)하지 않고는 방위를 정할 수가 없습니다.

조개의 모습을 보면 신기지물 역시 자체적인 방위를 가지고 있다는 것을 알 수 있습니다.

'성인남면'처럼 사람은 북쪽을 등지고 남쪽을 바라보아야 자연에 순응하는 것입니다.

남향의 집을 짓는 것도 같은 이치입니다. 사람이 남쪽을 보고 있을 때 자연스럽게 왼쪽은 동쪽이 되고 오른쪽은 서쪽이 됩니다.

임금이 근정전에 앉아 정사를 펼치는 모습 역시 성인남면의 방향이며, 경복궁의 건축물 배치도 이에 준하여 이루어졌습니다. 한옥과 사찰 등 전통 건축물들도 남면(南面)을 기준으로 합니다.

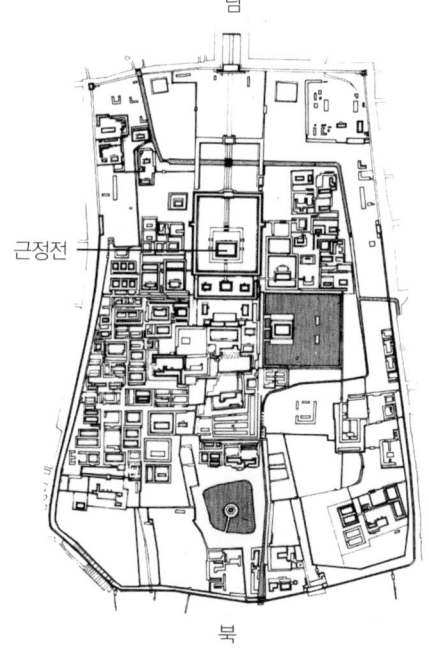

경복궁 배치도

지구는 왜 둥글까

동양의 방위는 입체적으로 볼 수 있어야 합니다.
종적인 동서남북은 어떻게 나타날까요?
북방은 물질이 수축되어 일점으로 모이는 곳이라고 했습니다.
우리의 시각을 확장해 지구 밖에서 지구의 상황을 바라봅시다.

지구는 엄청난 중력을 가지고 있습니다. 1881년 졸리(P. Jolly)가 천칭을 이용해 지구의 질량을 측정한 이래로 현재 밝혀진 지구의 질량은 무려 $5.98 \times 10^{27}g$이라는 천문학적인 무게입니다. 이처럼 엄청난 질량에 의해 중력이 발생하고, 그 결과 지구는 한 점으로 둥글어집니다.

지구가 둥글게 되는 이유는 다음과 같습니다.
커다란 물체를 중심으로 끌어당기면 물체의 각 부분이 최대한 응축되어 더 이상 가까워질 수 없는 상태가 되는데, 그때 그 물체는 둥근 구의 모습을 띠게 되는 것입니다. 그러므로 지구를 비롯한 우주의 행성들은 대부분 둥근 구(球)의 형태를 띠고 있습니다.

어쨌든 지구 밖에서 지구를 보면 한없이 수축되어 하나의 점으로 존재하는 것처럼 보입니다. 즉 지구 자체를 물질이 수축되어 있는 북방으로 볼 수 있는 것입니다.

이러한 관점으로 지구를 관찰해 보면, 땅 위에서 자라는 나무들은 중력이 당기는 북쪽으로 뿌리를 내리고 그 반대쪽인 남쪽으로 자라나고 있다는 사실을 알 수 있습니다.

동양의 공부를 계속하다 보면 여기서 말하는 방위 문제가 큰 걸림돌이 될 때가 있습니다. 우리나라를 동북의 간방(艮方)이라고 하거나, 중국을 중앙이라고 하거나, 서양을 서쪽의 방위로 배속하는 것은 중국 중심의 세계관 때문만은 아닙니다. 동양의 방위는 음양오행과 역(易)을 바탕으로 천문(天文)과 결합되어 냉정하게 파악된 결론입니다. 단지 중국이 중앙에 있다고 하는 것은 土 자리에 중국이 있는 것을 표현할 뿐이지 실제적인 중심 자체를 의미하는 것은 아닙니다(《음양이 뭐지?》의 '인간과 지구의 중심' 참조).

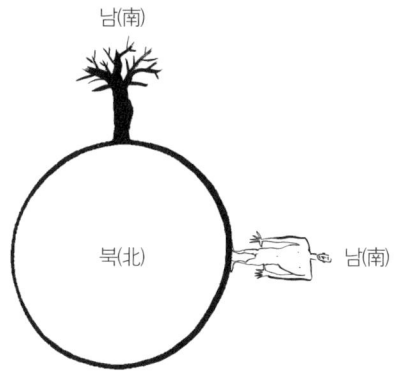

사람 역시 마찬가지입니다. 발은 북쪽으로, 머리는 남쪽을 향해 서 있습니다.

그럼 동과 서는 어떻게 결정될까요?

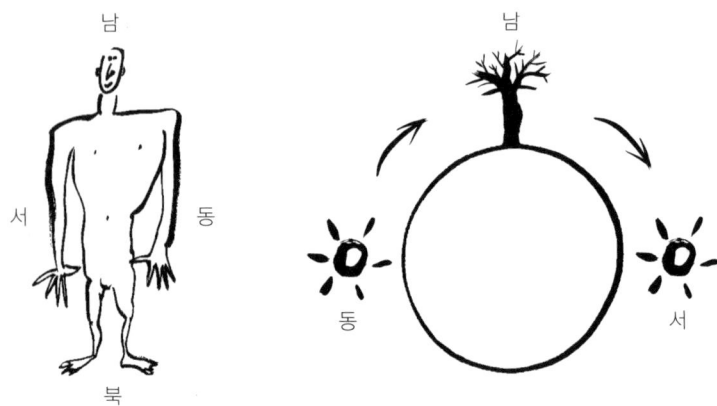

답은 간단합니다.

해가 뜨는 곳이 동쪽이고 해가 지는 곳이 서쪽인 것입니다.

해는 좌측인 동쪽에서 떠서(左旋而上昇),

우측인 서쪽으로 지고(右旋而下降) 있습니다.

사람을 종적인 동서남북으로 볼 때 머리는 남쪽으로, 다리는 북쪽으로, 왼쪽은 동으로, 오른쪽은 서로 결정됩니다.

사람은 남방의 머리에서 신(神)이 활동하고, 북방의 생식기에서 정(精)이 씨앗을 맺고, 동방과 서방에서는 기(氣)와 혈(血)이 상승과 하강을 반복하고

의식의 동서남북: 마음에도 동서남북이 있습니다. 휴식을 취하고 잠을 자는 집은 북방이며, 낮에 일하며 활동하는 사무실은 남방입니다.
아침에 일어나 출근하는 길은 동방목(東方木)의 과정이고, 저녁에 퇴근하는 길은 서방금(西方金)의 과정입니다. 출근은 목기(木氣)와 같이 힘차게 하는 것입니다.

있는 것입니다.

　동은 상승하며 木이고,

　서는 하강하며 金이고,

　남은 분산되어 火이며,

　북은 통일되어 水입니다.

　그리고 중앙은 土에 배속됩니다.

　동서남북은 오행의 공간적 성질을 규정하는 기초적인 개념이므로 반드시 알아두어야 합니다.

사계절

사계절은 방위와 비교될 수 있습니다. 방위가 오행의 공간적 적용이라면 사계절은 오행의 시간적 적용입니다.

봄에는 싹이 돋아나는 것을 보고 木을 추상(抽象)하며,
여름에는 나뭇잎이 무성하게 흩어지는 것을 보고 火를 추상하며,
가을에는 낙엽이 지는 것을 보고 金을 추상합니다.
그리고 겨울에는 땅속에서 휴식을 합니다.
즉 水를 추상하는 것입니다.
이러한 사계절의 변화를 土가 중재하고 있는 것은 당연합니다.
이제 사계절을 쉽게 알 수 있지 않습니까?

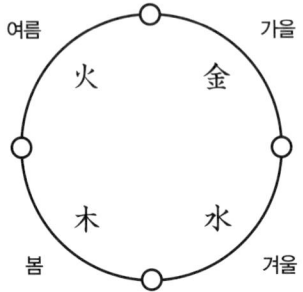

다섯 가지 맛

다섯 가지 맛을 오미(五味)라고 하는데, 이는 '산(酸; 신맛), 고(苦; 쓴맛), 감(甘; 단맛), 신(辛; 매운맛), 함(鹹; 짠맛)'을 뜻합니다.
산고감신함은 순서대로 목화토금수에 배속합니다.
산미(酸味)가 木으로 추상된다는 것입니다.
그런데 왜 산(酸)이 木일까요?

자! 그 이유를 알아봅시다.
간(肝)이 木이 아니듯 산(酸) 역시 木이 아닙니다.
산(酸)은 시큼한 맛이 나는 산(酸)일 따름입니다.
그런데도 산(酸)을 木이라고 하는 것은 산의 알맹이가 木이라는 것입니다.

우리는 앞에서 모든 존재는 형(形)과 기(氣)로 이루어져 있고 형(形)은 껍데기고 기(氣)는 알맹이라고 했습니다.

산(酸)을 그림으로 표현하면 다음과 같습니다.

신 것을 먹었을 때 우리 얼굴을 생각해 보십시오. 신맛[酸]은 수축[金]시키는 성질이 있다는 것을 알 수 있을 것입니다. 金克木 하고 있기 때문에 木에 배속하게 됩니다.

이 같은 방법으로 생각하면 맛이 어떤 작용을 하는지 쉽게 알 수 있습니다.
- 쓴맛(苦) ⇒ 짓누르다(堅; 水). 〈水克火〉
- 단맛(甘) ⇒ 느슨하게 해준다(緩; 木). 〈木克土〉
- 매운맛(辛) ⇒ 열리게 한다(散; 火). 〈火克金〉
- 짠맛(鹹) ⇒ 부드럽게 한다(軟; 土). 〈土克水〉

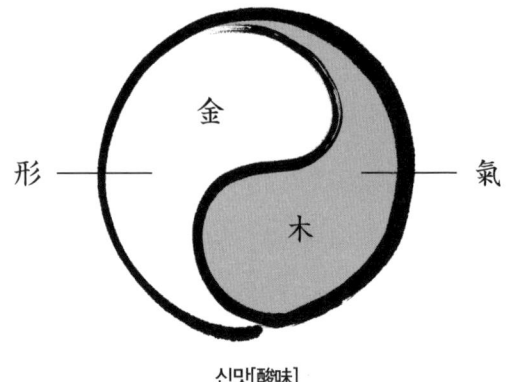

신맛[酸味]

산(酸)의 껍데기는 金을 쓰고 있고, 그 알맹이는 木입니다.
다른 맛들도 마찬가지입니다.
즉 산고감신함은 목화토금수의 알맹이를 금수목화토의 껍데기가 싸고 있는 것입니다.

시큼한 것을 먹으면 그 형(形)이 수렴되어 木의 힘이 작용하고, 쓴 것을 먹으면 그 형이 굳어져 火

의 힘이 작용하며, 단 것을 먹으면 그 형이 느슨해져 土의 힘이 작용하고, 매운 것을 먹으면 그 형이 흩어져 金의 힘이 작용하며, 짠 것을 먹으면 그 형이 부드러워져 水의 힘이 작용합니다.

이러한 맛의 성질을 정리하면 다음과 같습니다.

맛은 물질 자체로서 형[陰]입니다. 상생은 신(神)을 만들고 상극은 형(形)을 만듭니다.
예) 신맛[酸味]

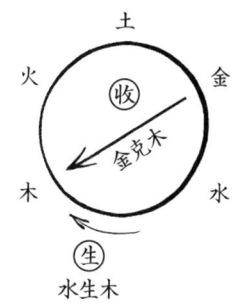

맛	신맛 酸	쓴맛 苦	단맛 甘	매운맛 辛	짠맛 鹹
알맹이(氣)	木	火	土	金	水
껍데기(形)	金	水	木	火	土

酸	苦	甘	辛	鹹
收 수렴	堅 응고	緩 느슨함	散 늘어남	軟 부드러움

또한 산고감신함의 껍데기와 알맹이를 잘 살펴보면 상극(相克)의 관계를 볼 수 있습니다.

산(酸)은 금극목(金克木)하고 있고,

고(苦)는 수극화(水克火)하고 있으며,

감(甘)은 목극토(木克土)하고 있고,

신(辛)은 화극금(火克金)하고 있으며,

함(鹹)은 토극수(土克水)하고 있습니다.

다섯 가지 색깔

색깔이 오행에 배속되는 것은 우리 선조의 문화유산에서 흔히 볼 수 있습니다. 고구려나 백제 고분의 현실(玄室) 속에서 오행의 방위에 맞추어 그려진 사신도(四神圖)가 그 대표적인 예에 해당합니다.

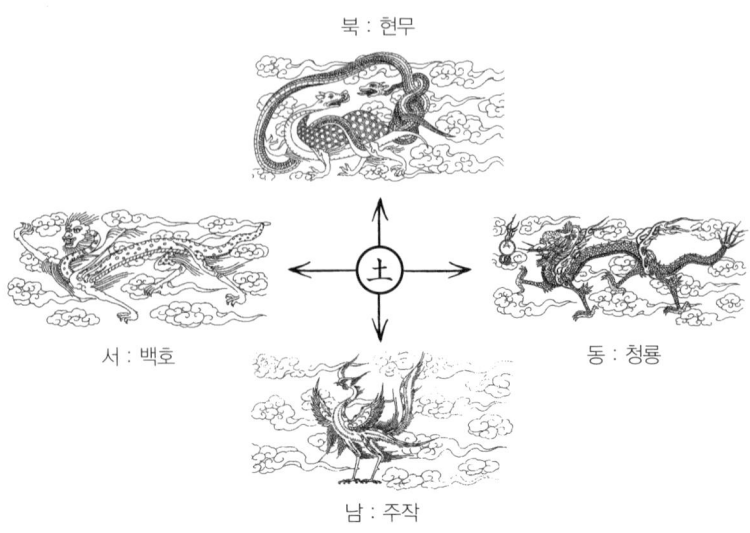

사신은 청룡, 백호, 주작, 현무를 뜻하며, 그 색깔이 청, 적, 백, 흑으로 목화금수를 상징합니다. 중앙의 황색을 합치면 청적황백흑의 순서로 목화토금수가 결정됩니다.

또한 풍수지리에서 음택이 자리하는 주산(主山)의 왼쪽 산줄기를 청룡, 오른쪽 산줄기를 백호라 부르는 것도 같은 원리입니다.

궁중의 나례(儺禮; 궁중에서 악귀를 쫓던 의식)나 중요한 행사 때 춘 탈춤인 처용무를 보면 오방(五方) 처용이 다섯 가지 색깔의 옷을 입고 있는데, 역시 동[靑], 남[赤], 중앙[黃], 서[白], 북[黑]의 배치로 되어 있습니다.

다섯 가지 냄새, 다섯 가지 소리, 다섯 가지 맛, 다섯 가지 별…. 삼라만상에서 오행에 배속되지 않는 것은 없지만 그 가운데 오색의 응용은 미묘하기 이를 데 없습니다. 청색과 적색, 황색은 다들 알다시피 기본적인 삼원색입니다. 동양에서는 청적황(靑赤黃)을 목화토라는 양의 현란한 변화에 배치하고 있습니다. 또 청적황이 통합하며 이루어지는 백흑(白黑)을 금과 수라는 음의 통일 과정에 배속해 오색을 완성하고 있습니다.

물론 동양의 선철들이 단순한 철학적 연구를 통해 오색을 배치했다고 생각하면 오산입니다. 실제로 우주에서 명멸하는 색의 상(像)을 보고 옮겨 적은 것일 뿐이기 때문입니다. 서양의 과학적(科學的; scientific) 분석에 의하면 색이란 물체가 가지고 있는 고유의 모습이 아니라 광자(光子)가 부딪치며 일어나는 파동의 산란과 흡수에 의한 환각일 뿐입니다. 이때 물체에 부딪치는 광자는 입자성과 파동성을 동시에 가지고 있는 묘한 존재입니다. 또한 물체의 전색(色)과 맛[味]의 관계도 음양으로 되어 있습니다. 색은 火에 속하고, 맛은 水에 속합니다. 냄새는 木에 속하고, 소리(악에서는 形)는 金에 속하고, 성(性)은 土에 속합니다.

자와 부딪치며 펼쳐지는 색의 변화 역시 놀라운 것입니다.

동서양의 철학과 과학이 이목을 집중하고 있는 곳 중 하나가 색의 세계입니다.

여기서는 색이 숨기고 있는 상(象)을 이해하기 위해, 일찍이 한국이 낳은 대철(大哲)이신 김일부 선생의 오행변극론을 응용한 그림을 보여드리겠습니다. 동도(同徒)의 연구에 도움이 되시길 바랍니다.

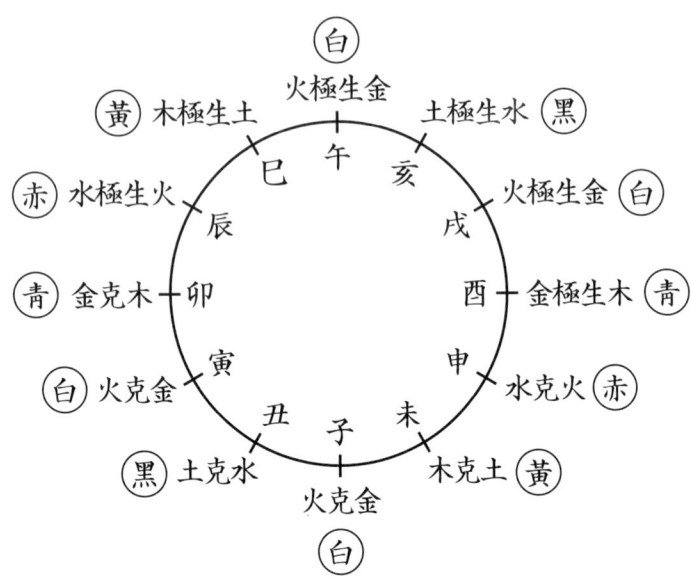

오장(五臟; 肝心脾肺腎)

오행을 인체에 배속할 때 대표적으로 들 수 있는 예가 오장입니다. 오장은 인체의 몸통 속에 비밀스럽게 숨어 있습니다.

간장(肝臟)
심장(心臟)
비장(脾臟)
폐장(肺臟)
신장(腎臟)

```
       心       肺
      ╭─────────╮
     │    脾    │
      ╰─────────╯
       肝       腎
```

여기서 장(臟)은 몸[肉] 속에 무엇인가를 숨겨 두고 있다는 것을 뜻합니다[肉(月)+藏].

그러면 과연 얼마나 귀중한 것을 숨겨 두었기에 감출 장(藏)이라는 글자로 표현했을까요?

그 이유를 알기 위해서는 오장이 있는 위치부터 이해해야 합니다. 그림에서 보듯 오장은 몸통 속에 숨어 있습니다.

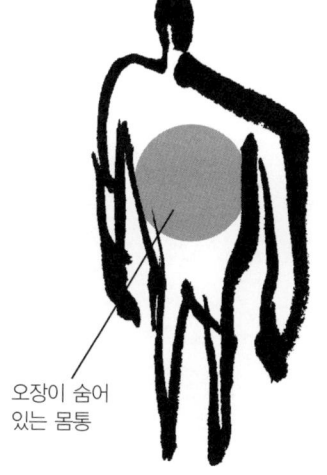

오장이 숨어 있는 몸통

오행이 펼치는 세상

몸통은 중앙의 혼돈이 거하는 곳으로 바로 '土' 자리입니다.

남해의 임금 숙과 북해의 임금 홀이 일곱 개의 구멍을 뚫었더니 죽어 버린 혼돈 속에 오장이 숨어 있는 것입니다.

土를 자연에 비유하면 대지와도 같습니다.

대지에서는 흙뿐만 아니라 나무와 불, 쇠, 물이 나오듯 土에서 木火金水가 생겨납니다.

즉 혼돈(chaos)의 土 자리에서 목화금수의 질서(cosmos)가 이루어지는 것입니다. 마찬가지로 몸통(chaos) 속에는 간심비폐신 오장의 질서(cosmos)가 숨어 있습니다.

몸통 속에서
간(肝)은 봄의 질서,
심(心)은 여름의 질서,
폐(肺)는 가을의 질서,
신(腎)은 겨울의 질서를 담당합니다.

비(脾)는 네 가지 장기의 중앙에 있어 다시 혼돈 속의 혼돈으로 숨어 버립니다.

겉으로 드러난 인체의 형태를 통해 좀 더 쉽게 생각해 봅시다.

몸통[渾沌]은 자신의 대행자로 머리를 만들고 팔다리를 뽑아냈습니다. 머리를 토에 비유할 때 팔다리는 목화금수를 상징합니다.

즉 혼돈은 자신을 지키기 위한 질서로 木火土金水의 형태적 자식을 낳은 것입니다.

특히 머리는 몸통 스스로 가지고 있지 못한 일곱 개의 구멍을 가짐으로써 훌륭하게 土의 역할을 대행하고 있습니다. 보이지 않는 몸통[渾沌] 속에 숨어 있는 오장(五臟)도 이와 같습니다.

간(肝)은 혼돈 속에 木이 되고, 심(心)은 혼돈 속에 火가 되고, 비(脾)는 혼돈 속에 土가 되고, 폐(肺)는 혼돈 속에 金이 되고, 신(腎)은 혼돈 속에 水가 됩니다. 몸통[渾沌] 속에는 5개의 장기가 '내적인 질서'로 들어 있는 것입니다.

옆의 그림은 십이지지(十二地支)입니다. 십이지지에서 辰[용], 戌[개], 丑[소], 未[양]를 네 개의 土라고 합니다.

네 개의 土는 중앙에서 파견된 것으로 그 뿌리는 중앙에 두고 있습니다.

다시 말하면 하나의 土가 뿌리가 되어 현상계에 네 개의 가지를 펼치고 있는 모습과도 같습니다.

진술축미(辰戌丑未)는 혼돈의 土이면서 십이지지에 배속되면 木火金水의 질서로 펼쳐집니다.

이제 각 장기를 하나씩 배속해 봅시다.

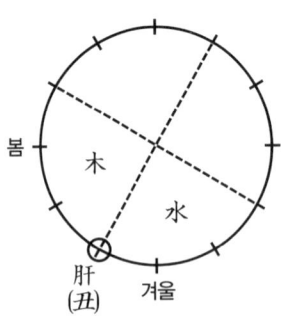

간은 丑의 일을 하는 장기입니다.

水는 겨울이고 木은 봄입니다.

丑을 지나면서 잠자고 있던 생명력이 얼어붙은 땅을 뚫고 솟아오릅니다.

나무가 봄이 되면 뿌리로부터 줄기로 물을 올리기 시작하듯 인체 내에서도 간을 통해 생명력이 발동하게 됩니다.

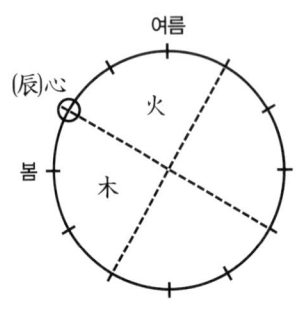

심은 辰의 일을 하는 장기입니다.

木은 봄이고 火는 여름입니다.

생기로 충만하던 봄이 辰을 지나면서 불타는 여름으로 활짝 펼쳐집니다.

나무는 줄기로 올렸던 물을 나뭇잎 끝까지 펼치게 되고, 인체에서는 심을 통해 사지말단까지 생명력을 뿜어주게 됩니다.

폐는 未의 일을 하는 장기입니다.
火는 여름이고 金은 가을입니다.
가을로 접어들면서 순환의 역학적 방향이 바뀌며 수렴되기 시작합니다.
나무는 물이 내려가고 잎이 떨어집니다.
인체의 폐 역시 기운을 내리는(肺主肅降) 작용을 하게 됩니다.

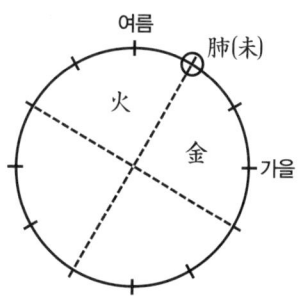

신은 戌의 일을 하는 장기입니다.
金은 가을이고 水는 겨울입니다.
드디어 생명의 순환을 마치고 물은 뿌리 속으로 숨어버리게 됩니다.
신 역시 인체의 고갱이를 숨기게 되는(腎主藏精) 것입니다.

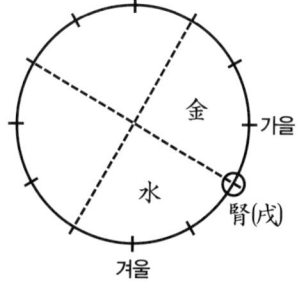

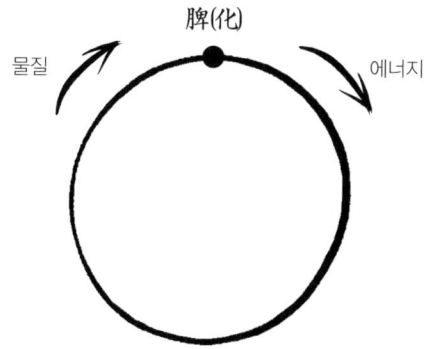

좌간우폐(左肝右肺): 형태상 간(liver)과 폐(lung)를 뜻하는 것이 아니라, 오행이 이루는 질서(cosmos) 속에서의 간과 폐를 뜻합니다. 즉 간은 木으로 동방인 좌에서 상승하고, 폐는 金으로 서방인 우에서 하강함을 나타냅니다.

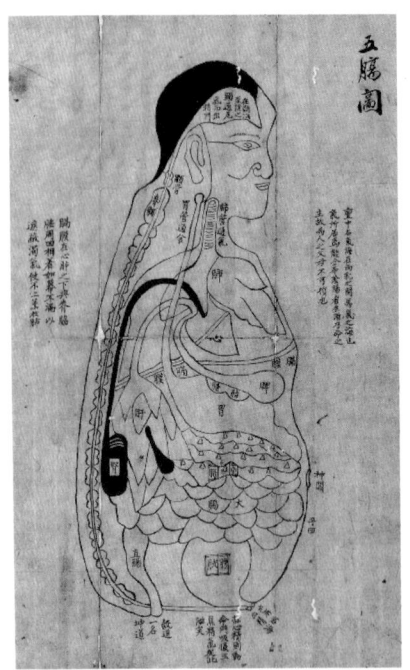
오장도(五臟圖)

마지막으로 비는 혼돈 속의 사장(四臟)의 중앙에 있는 장기입니다.

비를 오장의 질서(cosmos) 속에 배속한다면 심과 폐의 가운데 자리하게 되며, 동남방(東南方)의 물질(形)이 서북방(西北方)의 에너지(氣)로 화(化)하는 것을 중재하고 있는 것입니다.

한의학의 〈오장도〉를 보십시오. 장기의 뱃속이 불명확하기 이를 데 없습니다. 특히 동양 의학과 서양의학을 함께 공부하는 한의학도들에게는 당혹스러운 그림이 아닐 수 없습니다. 그러나 동양의 의인(醫人)들이 이 같은 그림을 그릴 수밖에 없었던 이유를 알아야 합니다.

《음양이 뭐지?》에서 이야기했듯이 우주는 '형체'와 '내부의 질서'로 존재합니다. 동양 의학에서 오장을 파악하는 것은 오행이라는 내부의 질서(cosmos) 속에서만 가능한 것입니다. 그 결과 고대의 의인들은 위와 같은 해부도를 남겨 후학들이 형체에 집착하는 오류에 빠지지 않고 이면의 질서(오행 속의 질서) 속에서 오장을 파악하게 한 것입니다.

그렇다면 동양 의학의 오장 개념은 서양 의학의 관점에서는 어떻게 해석될 수 있을까요?

간단한 예를 들어 살펴봅시다.

먼저 간(肝)을 대표하는 서양 해부학적 장기는 간(liver)입니다.

간은 木의 특징이 가장 많아서 봄에 싹이 돋아나듯 왕성한 생명력을 자랑합니다. 그러한 생명력을 간(liver)에서 찾아봅시다.

프로메테우스는 인간에게 불을 주고 제우스의 노여움을 삽니다. 결국 쇠사슬에 묶인 채로 산에 매달리게 되는데 날마다 낮이 되면 독수리가 날아와서 간을 쪼아 먹습니다. 그런데 신기하게도 밤이 되면 간은 다시 재생됩니다. 낮에는 뜯어 먹히고 밤에는 재생되는 고통이 계속되는 벌을 받습니다.

간(liver)은 봄날의 새싹과도 같습니다.

새싹을 뜯어내더라도 다음 날 다시 돋아나듯 간은 손상되어도 곧 재생됩니다. 세포가 환경에 적응하기 위한 기능 중에는 하이퍼플라시아[증생(增生); hyperplasia]가 있습니다. 하이퍼플라시아는 '조직이나 기관을 형성하는 세포의 숫자가 늘어나는 것'을 뜻합니다. 특히 보상적 하이퍼플라시아(compensatory hyperplasia)는 왕성한 생명력을 가지고 있는 간(liver)에서 쉽게 관찰됩니다. 간(liver)이 빠른 속도로 증생하는 것은 간의 생명력을 잘 보여주고 있습니다.

심(心)을 대표하는 서양 해부학적 장기는 심장(Heart)입니다.

심장은 몸 밖으로 떼 내어도 조건만 잘 갖추면 자율적으로 박동을 합니다. 이처럼 심장은 그것을 적출해도 박동을 계속하고, 심지어 심근을 토막 내어 생리식염수 속에 넣어도 율동적인 수축이 일어납니다. 이러한 능력을 심장의 자동능(自動能; automatism)이라 합니다.

뿐만 아니라 포유동물의 심근 세포를 배양한 결과 낱낱이 쪼개진 심근 세포 하나까지도 규칙적으로 움츠리며 박동한다는 것이 밝혀졌습니다. 심장은 동방결절(심장 근육 세포군) 등의 페이스메이커(pacemaker) 작용에 의해 끊임없이 스스로 수축하며 전신의 모세 혈관까지 혈액을 보냅니다. 피[水]를 사방팔방으로 펼친다는 것은 심장이 가지고 있는 火의 힘을 잘 보여줍니다.

폐(肺)를 대표하는 서양 해부학적 장기는 허파(lung)입니다.

인체의 화학 공장인 간(liver)에서 뿜어 올린 생명력은 심장(heart)의 뜨거운 불길에 의해 전신에 골고루 퍼졌습니다. 간과 심장은 우주의 운동에서 동남방의 과정을 나타냅니다. 그러나 허파(lung)에서는 역학적인 방향이 바뀌어 봄, 여름 동안 한없이 펼쳐져 소모되었던 에너지가 갈무리되며 서방의 수렴이 시작됩니다. 심장에 의해 전신으로 뿜어졌던 신선한 혈액은 정맥을 통해 되돌아오는데, 우심방까지 오면 이미 더러워지고 탁해진 허파의 도움을 받지 않으면 안 됩니다.

허파(lung)에는 미세한 공기 주머니(폐포; 肺胞)가 포도송이처럼 다닥다닥 붙어 있는데, 이 공기 주머니들을 평면으로 펼치면 테니스 코트 절반을 채울 수 있을 정도입니다. 폐포에는 거미줄처럼 덮여진 모세 혈관이 있는데, 그 혈관을 통해 이산화탄소와 산소가 교환됩니다. 허파는 봄, 여름 동안 펼친 뜻을 거두듯 지친 정맥혈을 거두어 폐포에서 가스 교환이 일어나게 합니다.

그 결과 산소를 통해 생명의 에너지를 공급받게 되고 혈액은 다시금 생명력을 저축하게 됩니다. 폐[肺→月(肉)+市]에서 市는 들숨(inhale)과 날숨(exhale)을 통해 탄산가스와 산소의 매매가 이루어지는 것을 의미합니다. 즉 생명의 에너지를 사들여 재생이 이루어지는 곳이 바로 未土 자리인 폐임을 나타냅니다.

신(腎)을 대표하는 서양 해부학적 장기는 콩팥(kidney)입니다.
콩팥은 인체의 노폐물을 처리하며 수분 대사를 조절하는 기능을 담당합니다. 오줌을 생산해 체액의 형평을 유지하고 혈액의 찌꺼기를 배출합니다. 또한 적혈구나 입자가 큰 단백질, 필수 비타민, 포도당 등은 세뇨관(renal tubule) 속에서 재흡수됩니다. 버릴 것은 버리고 필요한 것은 다시 걸러내 인체에 돌려주는 것입니다.

허파가 가스의 교환을 주도한다면 콩팥은 수분과 물질의 교환을 주도합니다. 북방으로 더욱 응축되어 물질화되는 과정을 보여줍니다.

가을에 맺은 열매는 땅에 떨어져 추운 겨울을 납니다. 씨앗이 충실한 열매는 겨울을 잘 나고 봄이 되면 약동할 것이며, 씨앗이 부실하면 겨울의 찬 기운 속에서 죽어 버릴 것입니다. 이처럼 삶과 죽음의 갈라지는 자리가 인체에서는 콩팥에 해당합니다.

마지막으로 비(脾)를 대표하는 서양 해부학적 장기는 지라(spleen)와 이자(pancreas)입니다.

비는 혼돈 속의 혼돈으로 동양의 해부도에서도 가장 애매하고 불명확하게 그려져 있습니다. 그런 만큼 하나의 장기로 추상하기에는 어려움이 따릅니다. 비가 오장의 중앙에 있고, 더 나아가 전신을 자양한다는 원론적 해석을 통해서는 그 어떤 장기도 비를 대표할 수 없기 때문입니다.

비는 중앙의 土로서 생장화수장(生長化收藏)의 걸음걸이 중에서 화(化)에 해당합니다. 따라서 비의 주된 작용은 운화(運化)에 있다고 볼 수 있습니다. 여기서는 지라와 이자를 통해 혼돈 속의 혼돈으로 숨어 있는 비의 의미를 살펴보기로 합시다. 먼저 비의 대표적 특징인 운화(運化) 작용은 이자(pancreas)를 통해 설명할 수 있습니다.

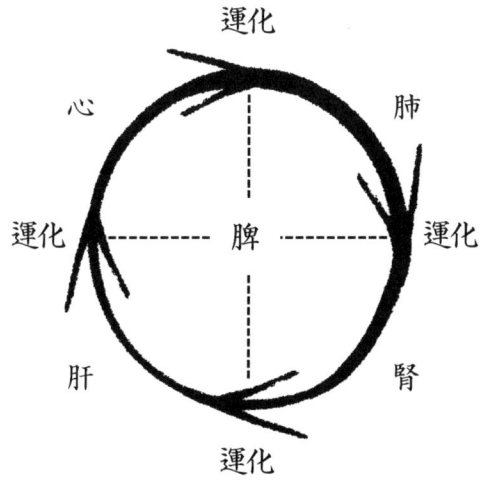

　비(脾)는 중앙에 있는 土로서 간심폐신(肝心肺腎)의 순환[運化]을 돕고 있습니다.

　운화 작용은 말 그대로 인체의 모든 부분에서 일어나는 화[土]의 작용으로 어느 한 장기에서만 국한되어 일어나는 것은 아닙니다. 이러한 현상은 이자(pancreas)의 랑게르한스 섬(Langerhan's island)에 있는 베타 세포(β-cell)에서 분비되는 인슐린(insulin)을 통해 이해할 수 있습니다.

　우리는 음식을 먹고 그 음식을 에너지원으로 해서 살아갑니다. 음식은 소화 기관을 거치며 잘게 부서졌다가 글루코오스(glucose; 포도당) 상태로 극미분(極微分)되는데, 미분된 글루코오스는 혈액을 통해 전신의 세포에 공급됩니다. 우리 몸의 몇 조 개나 되는 세포들은 글루코오스를 태워 에너지를 얻습니다. 바로 그때 인슐린이라는 호르몬이 등장합니다. 인슐린은 글루코오스가 에너지로 바뀌는 과정, 즉 물질이 에너지로 바뀌는 순간을 매개하고 있는 것입니다.

다시 말해 글루코오스(glucose)는 물질이 극도로 미분된 것으로서 이것이 에너지로 化(土化)할 때 인슐린이 가운데서 중재하는데, 이러한 현상이 전신의 모든 세포에서 일어나는 것입니다. 이는 비가 운화(運化)의 작용을 할 때 일정한 장기가 아닌 모든 곳에서 조화를 일으키는 것으로 추상될 수 있습니다.

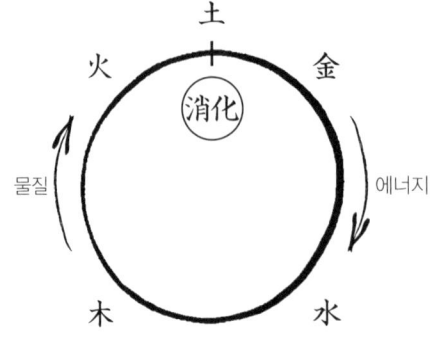

운화(運化)의 개념에 비해 좁은 뜻을 가지고 있는 소화(消化)를 통해 비의 본질을 더욱 명확히 밝혀 봅시다.

소화의 사전(辭典)적 의미는 '사물이 소멸하여 변화함'입니다.

사물이 소멸하여 변화한다는 것은 무슨 뜻일까요?

그렇습니다. 火의 과정이 끝나고 金이 되기 직전 未土에서 나타나는 化인 것입니다.

이처럼 물질이 극도로 쪼개어지고 미분되어 마침내 형체가 없어져 에너지로 바뀌는 순간을 소화(消化)라고 합니다.

장자는 이 순간을 일컬어 "나비와 장주와는 반드시 구분이 있을 것이다. 이를 일컬어 물화(物化)라고 한다(周與胡蝶則必有分矣 地之謂物化)."고 했습니다.

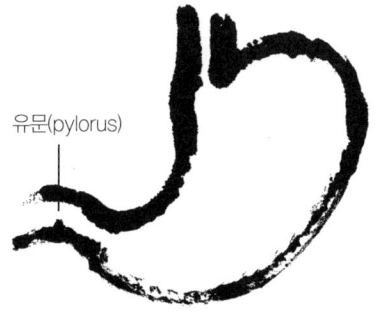

봄	溫	상초	↓
여름	熱	중상초	化
가을	凉	중하초	↓
겨울	寒	하초	

장자가 나비가 되고 나비가 장자가 되는 그 중간에 土의 化가 있다는 것입니다. 여기서 소화는 엄밀히 말해서 형체가 있는 것이 형체가 없는 것으로 바뀌는 과정이며, 火가 金으로 바뀌는 未土의 한 곳만을 의미합니다.

소화(消化)는 소화관(digestive tube) 전체에서 일어납니다. 그러나 더 자세히 말한다면 유문(幽門; pylorus)에서 일어난다고 할 수 있습니다. 위산(胃酸; gastric acid)에 의해 죽이 된 음식은 유문을 거쳐 소장으로 넘어오면서 이자(pancreas)에서 분비되는 알칼리성 소화액에 의해 중화됩니다.

유문은 현상적으로 化가 드러나는 곳으로 추상되며, 이자의 알칼리성 소화액은 금화교역(金火交易)을 완성시키는 주역이라고 볼 수 있습니다.

운화(運化)는 木火金水 모든 곳에서 일어나는 土化 작용이고, 소화(消化)는 火와 金 사이에서 일어나는 土化 작용인 것입니다.

유문을 사이에 두고 산성에서 알칼리성으로 변화하며, 한의학적으로는 온열(溫熱)이 양한(凉寒)으로 바뀌는 유현(幽玄)한 조화가 생기는 것입니다.

다음으로 지라(spleen)를 통해 비(脾)의 통혈(統血)을 알 수 있습니다. 지라는 이자의 꼬리에 접하고 있으며, 인체 내에서 가장 큰 임파양기관(淋巴樣器官; lymphatic organ)입니다. 혈액의 유형 성분을 형성하고 철대사(鐵代謝)에 중요한 관계가 있으며, 적혈구를 파괴하기도 하고 항체를 생산합니다.

지라에 이상이 생기면 조혈(造血) 기능에 장애가 일어나고 전신의 혈액대사(血液代謝)는 저하됩니다. 이는 지라가 비의 통혈(統血)과 관련된 것을 시사합니다.

6장
체질은 뭘까

체질은 무엇일까요?
도대체 체질이라는 게 있기나 한 것일까요?
사람마다 각자의 체질이 있다면
나는 어떤 체질일까?
사상의학 역시 오행이라는 뿌리를
벗어날 수 없습니다.
오행과 체질을 비교하고 체질이 무엇인지
알아봅시다.

체질이란?

일찍이 의학은 두 개의 관심사에 집중해 왔습니다.
하나는 인체에 대한 것이고,
또 하나는 병(病)에 관한 것이었습니다.
오랜 기간 동안 지속되어 온 인간의 집요한 관심 덕분에 오늘날 동서 의학은 놀랄 만큼 발전했습니다.

동양은 통찰을 서양은 분석을 접근 방법으로 택했지만, 이 양면적 접근은 인체와 병에 관한 비밀을 거의 대부분 풀게 했습니다.
그런데 의학의 영원한 숙제를 연구하는 데 있어 동서양이 항상 잊고 있는 것이 있습니다.
바로 인간끼리 서로 다르다는 것입니다. 인간과 인간의 차이가 비록 미세하다 하더라도 몸이 극도로 약해진 환자의 경우에는 이 미세한 차이가 생명을 좌우할 수도 있습니다.
그럼에도 불구하고 의학의 기본 명제는 인간을 동일하게 보는데서 시작합니다.
가령 간염에 걸린 사람이 있다고 하면, 그 사람이 어떤 특성을 갖고 있더라도 다른 감염 환자와 동일한 방법으로 접근해 치료하게 됩니다. 다시 말해 인간의 개별적 특성은 완전히 무시되었습니다. 단지 약 투여의 완급을 조절하거나 대증요법에 의한 치료가 부수적으로 차이가 있을 뿐 환자의 특성은 병을 치료하는 데 고려해야 할 주된 대상이 아니었던 것입니다.

그러나 이러한 의학사에 있어서도 동서양 모두 깊이 있는 접근은 아니었지만, 인간의 독특한 특성을 연구해 의학에 접목시키려는 시도를 전혀 하지 않았던 것은 아닙니다.

19세기 말 조선의 이제마 선생이 주장한 체질론은 이러한 면에서 우리에게 뚜렷한 족적을 남기고 있습니다.

사람을 태양인(太陽人), 소양인(少陽人), 태음인(太陰人), 소음인(少陰人)으로 나누고 각 체질에 대한 생리, 병리, 약물 치료에 이르기까지 일관된 체계로 설명하고 있습니다.

이는 의학사상 처음으로 체질론이 분명히 도입된 것입니다.

그렇다면 이제마 선생의 체질론은 어디에서 나온 것일까요?

동양의 그 어느 유산 하나도 음양오행을 뿌리로 하지 않은 것은 없습니다. 이제마 선생의 체질론 역시 음양오행에서 출발합니다.

사상의학(四象醫學) 역시 오행이라는 뿌리를 벗어날 수 없습니다.

오행과 체질을 비교하고 체질은 과연 무엇인지 살펴봅시다.

벗겨지지 않는 가면, 체질

> 한 마리의 왜가리가 대나무 숲 위를 날았다.
> 그러자 싯다르타는 그 왜가리를 자신의 영혼 속으로 받아들이고 숲과 산 위로 날아올랐다.
> 그는 이제 한 마리의 왜가리가 되어 물고기를 잡아먹고, 왜가리의 배고픔을 느끼며, 왜가리의 울음소리를 내며, 왜가리의 죽음을 겪었다.
> 들개가 죽어서 모래밭에 쓰러져 있으면 싯다르타의 영혼은 그 시체에 푹 들어가 죽은 들개가 되어 (……)
> 싯다르타는 수없이 자아로부터 벗어나 무(無) 속에, 짐승 속에, 돌 속에 머물렀지만 자아로 돌아오는 것은 피할 도리가 없었다. 햇빛과 달빛 속에서, 그늘이나 빗속에서, 자기 자신에게로 돌아오는 순간은 피할 수가 없었다.
>
> ─ 헤르만 헤세의 《싯다르타》 중에서

　삼라만상은 시간의 흐름 속에서 끊임없이 변화하고 자신의 모습을 바꾸어 갑니다. 싯다르타는 수행의 과정에서 배운 술법을 써서 자신의 영혼을 왜가리, 들개, 돌 등에 집어넣어 보지만 결국 자기의 자리로 돌아오는 것을 피할 수 없었습니다.

싯다르타의 자아는 시간의 흐름 속에서 변함없습니다. 시간의 흐름 속에서 끊임없이 변하는 것은 싯다르타의 자아가 쓰고 있는 가면에 불과합니다. 그 가면은 왜가리가 되기도 하고 들개, 돌 등으로 바뀝니다.

싯다르타의 자아는 눈에 보이지 않습니다. 그렇지만 왜가리, 들개, 돌 그리고 싯다르타의 육신은 눈에 보입니다. 눈에 보이지 않는 것을 중심으로 눈에 보이는 것을 설명하는 방법이 동양의 전통적 패러다임입니다.

우리는 여기서 중대한 시각의 반전을 일으켜 봅시다. 눈에 보이는 것을 중심으로 눈에 보이지 않는 것을 관찰해 보자는 것입니다.

'본질(싯다르타)'의 바다

왜가리는 왜가리입니다. 왜가리는 왜가리의 새끼로 태어나 죽을 때까지 왜가리의 육체적 형태에서 벗어날 수가 없습니다.

왜가리의 내면에 싯다르타의 자아가 들어 있든 왜가리의 영혼이 들어 있든 육체적 형태는 왜가리인 것입니다. 마찬가지로 들개는 들개고, 돌은 돌입니다.

눈에 보이지 않는 것을 시간이라 할 수 있고, 눈에 보이는 것을 공간이라 할 수 있습니다. 보이지 않는 시간은 공간의 이면에서 질서로 작용합니다.

동양에서는 전통적으로 눈에 보이지 않는 시간의 질서를 중심으로 눈에 보이는 삼라만상을 관찰해 왔습니다.

그러나 시각을 바꾸어 공간을 중심으로 시간을 관찰해 봅시다.

목화토금수(木火土金水)는 시간의 흐름 속에서 끊임없이 바뀌면서 돌아갑니다. 그렇지만 나무나 불이나 흙, 쇠, 물은 어떻습니까?

나무, 불, 흙, 쇠, 물은 그 형체가 완전히 사라지기 전에는 변함이 없습니다. 나무는 나무고, 불은 불이고, 흙은 흙, 쇠는 쇠, 물은 물입니다.

나무를 예로 들어 설명해 볼까요?

나무는 봄에 목기(木氣)를 받아 싹이 돋고, 여름에 화기를 받아 잎을 펼치고, 가을에 금기를 받아 열매를 맺고, 겨울에 수기를 받아 뿌리로 물을 거둡니다. 나무의 내면에는 시간의 흐름 속에서 목화금수의 변화가 생겼지만 나무 자체는 변함이 없습니다. 나무는 나무인 것입니다.

마찬가지로 왜가리는 왜가리라는 육체적 가면을, 들개는 들개, 나무는 나무, 불은 불, 쇠는 쇠라는 가면을 쓰고 있습니다. 그 가면은 존재 자체가 없어져 해체되기 전까지는 결코 벗겨지지 않습니다. 가면의 입장에서 본다면 변하지 않는 것이 가면이 됩니다.

 이처럼 인체에서 결코 변하지 않는 가면을 '체질(體質)'이라고 합니다. 그리고 그 체질이 태양인, 태음인, 소양인, 소음인 네 가지로 결정된다고 하신 분이 동무 이제마 선생입니다.
 전통 한의학은 인체 내면의 질서를 중요시 여기는 시간적 관찰로 발전해 오다가 동무 선생에 의해 공간적 관찰로 바뀌며 일대 변혁이 일어나게 된 것입니다.

 인간의 네 가지 체질에 대한 신화는 인도에서도 볼 수 있습니다.

> 브라마는 천지를 창조할 때 땅 위에는 자기 자신의 몸에서 직접 낳은 것을 살게 하기로 정했다.
> 브라마의 입에서는 브라만이 태어나고, 브라나의 두 팔에서는 크샤트리아가, 그리고 허벅지에서는 바이샤가, 마지막으로 두 발에서는 수드라가 태어났다.

 인도인들은 브라마(Brahma; 梵天)가 우주를 창조한 최고의 신으로서 삼라만상의 모든 것이 브라마에게서 나오고, 또한 최후에는 다시 브라마로 흡수된다고 믿고 있습니다.

　브라만은 학문과 종교를,
　크샤트리아는 정치적인 권력을,
　바이샤는 농업과 상업을,
　수드라는 기술과 노동을 관장하여 직업 역시 네 가지로 분류됩니다.

　인도의 신화를 오행으로 해석하면 브라마는 土(혼돈; chaos)가 되고, 브라마에서 탄생되는 네 아들들은 목화금수(질서; cosmos)로서 현상계에 형체를 드러내면 나무, 불, 쇠, 물과 같은 벗겨지지 않는 가면을 쓰게 되는 것과 같습니다.

> 인도의 카스트 제도와 동양의 사농공상(土農工商)은 사상(四象)과 맥락을 함께하는 횡적인 분류로 평등 개념으로 이루어진 것입니다. 그러나 소수의 권력자들이 상하의 계급으로 바꾸어 전횡을 일삼아 왔습니다.

사지(四肢)가 추는 다섯 가지 춤

음(陰)　양(陽)

인체의 생김새가 상징하는 뜻을 통해서도 벗겨지지 않는 가면을 추적할 수 있습니다.

정확하지는 않지만 인체의 좌우는 비교적 대칭에 속합니다. 이것을 음과 양이라는 개념으로 나누어 봅시다.

동양에서는 왼쪽을 양, 오른쪽을 음이라고 합니다.

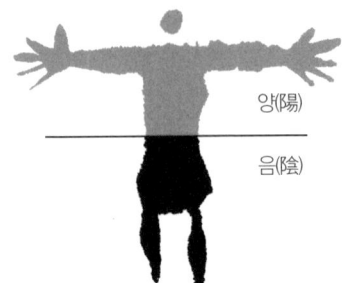

양(陽)
음(陰)

대칭은 아니지만 음양의 개념으로 나눌 수 있는 부분이 또 있는데, 바로 위와 아래입니다. 위는 양이 되고 아래는 음이 됩니다.

이번에는 둘을 합쳐 보겠습니다. 둘을 합치기 전에 약속을 하나 합시다.

양을 '━'로 표시하고,

음은 '━ ━'로 표시하기로 합니다.

단, 인체에서 머리와 몸통은 빼고 팔과 다리로만

左陽右陰: 왼쪽을 양으로, 오른쪽을 음으로 보는 대표적 장기로는 심장을 들 수 있습니다. 좌심은 혈액을 뿜어내는 양이고, 우심은 혈액이 돌아오는 음입니다. 또 심장은 양 부위인 왼쪽으로 치우쳐 있어, 마음 역시 쉽게 분열됩니다.

나누어 보겠습니다. 몸통은 중앙의 土이며 머리는 土의 대행자이기 때문입니다.

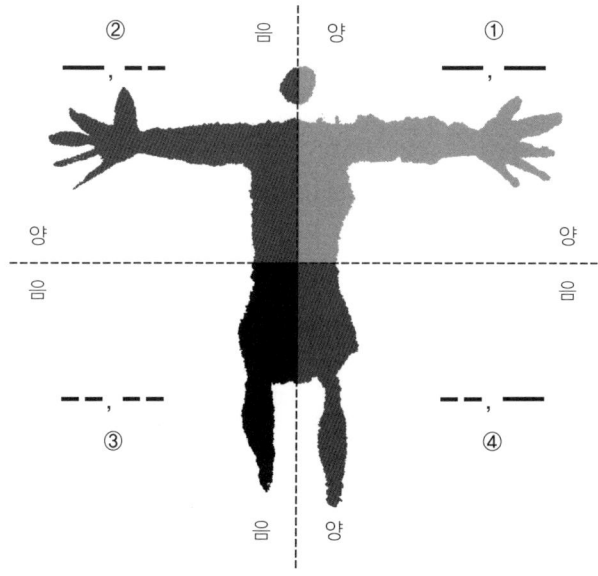

①번은 '—' 표시가 두 개 있으며,

②번은 '—'와 '--' 표시가 하나씩 같이 있습니다.

③번은 '--' 표시가 둘입니다.

④번은 ②번처럼 '—'와 '--' 표시가 같이 있습니다.

①, ③번은 전혀 다르지만 ②, ④번은 마치 같은 것처럼 표현됩니다. 여기서 ②번과 ④번의 차이점은 선후를 통해 해결하고 있습니다. 즉 '좌우가 먼저고 상하는 다음이다.'라고 이야기합니다.

이것은 마치 평등한 음양인 부부가 먼저 있은 후에 상하 관계인 부모와 자식이 형성되는 것과 같습니다. 음양의 분화는 본래 좌우의 평등적 분화가 먼저이고 상하의 차별적 분화가 그 다음이 됩니다.

이렇게 됨으로써 인체의 사지 표현을 아주 쉽게 할 수 있습니다.

①번은 ═ 으로 표현할 수 있습니다.

②번은 ══ 으로 표현합니다. 그 이유로 좌우의 음양은 음이 되고 상하의 음양은 양이 되는데, 아래로부터 위로 변화가 일어나기에 이같이 표시하게 됩니다.

③번은 ══ 으로 표시되고,

④번은 같은 방법으로 ══ 로 표시됩니다.

《주역》의 사상(四象)과 체질 의학의 사상에는 미묘한 차이가 있습니다. 그러나 체질 의학에서 표현하는 사상이 《주역》에 근거하고 있다는 것은 부인할 수 없습니다.

여기서 ①번을 태양이라 하고, ②번을 소양, ③번을 태음, ④번을 소음이라고 합니다.

그런데 더 재미있는 일이 얼굴에서 벌어지고 있습니다.

우리는 앞에서 머리를 토(土; 化)의 대행자라고 했

습니다. 몸통 속에 갇혀 있던 토가 네 개의 변화를 일으키자 자신도 그 대행자를 몸통 밖으로 빼냈는데, 그것이 바로 머리인 것입니다. 머리에 있는 일곱 구멍이 표현하는 네 가지의 변화를 잘 지켜보십시오.

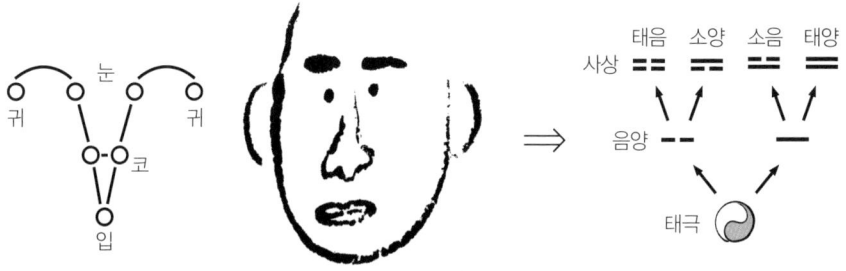

태극이 네 가지의 사상으로 변하는 과정이 너무나 잘 드러나 있습니다.

이처럼 오행의 '토(土; 化)'는 네 가지의 변화를 속에 품고 있는 것입니다. 변화의 춤은 오행이라는 다섯 가지로 나타나지만 현상으로 드러난 세계는 네 가지의 가면을 보여줍니다.

다시 인체를 살펴보십시오.

《주역》의 사상을 원에 배속시키면 다음과 같습니다.

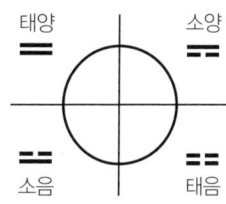

사람을 앞쪽이 아닌 뒤쪽에서 관찰하면 위의 그림과 같습니다.

사지(四肢)가 추는 다섯 가지의 춤

    몸통에서 土의 대행자 머리를 뽑아내고, 또 사지라는 네 자식을 만들어 모두 합쳐 다섯의 변화가 있습니다. 그러나 머리는 사지를 움직이는 주인이므로 본체(體)로서 숨게 되고, 실제의 움직임은 머리의 명령에 의해 사지가 네 개의 쓰임(用)으로 나타나게 됩니다.

    그 사지의 끝에 이 같은 상징이 또 있습니다.

    바로 손가락과 발가락입니다. 네 개의 손가락과 네 개의 발가락은 사상이 되고, 엄지는 중앙의 태극이 되는 것입니다.

    이 같은 것을 사상의학에 응용해 표현하면 네 사람이 추는 오행의 춤이라고 할 수 있습니다.

체질과 인생의 사계절

《동의수세보원》*의 광제설에는 사람의 생애를 유소장로(幼少壯老)의 사계절로 나누어 설명하고 있습니다. 그리고 인생을 식물로 비유해 유년기는 봄에 싹이 트는 것과 같고, 소년기는 여름에 그 싹이 무성히 자라는 것이고, 장년기는 열매를 맺는 가을이며, 노년기는 다시 뿌리로 그 기운을 숨기는 겨울과 같다고 합니다.

인생의 사계절을 네 가지 체질과 비교해 보면 체질의 의미가 더욱 분명해집니다.

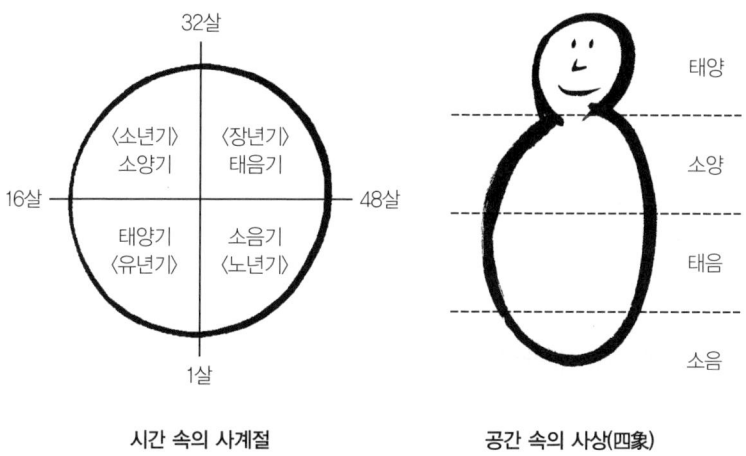

시간 속의 사계절　　　공간 속의 사상(四象)

* 《동의수세보원》은 동무(東武) 이제마 선생이 체질론을 주창하며 쓴 의학서입니다.

체질은 뭘까　225

어린 시절과 태양인

태양기(太陽期)를 보십시오.

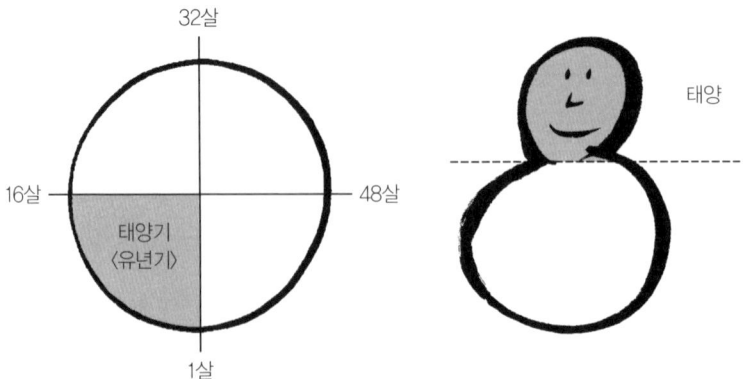

여기서 '머리'를 봄으로 관찰하는 것은 현상적인 측면(양적 관찰)에서 가능합니다. 즉 목기(木氣)가 작용하는 부위가 '머리'라는 말입니다. 오행의 질적 관찰로 보면 머리는 가을이 됩니다.

태양기는 몸의 모든 힘이 머리에 집중되어 있는 때입니다. 그래서 이 시기의 아이들은 신체의 다른 부위에 비해 상대적으로 머리가 큽니다. 두뇌의 성장이 거의 완성되며 배움이 가장 활발합니다. 비온 뒤에 죽순이 자라듯 키도 쑥쑥 자라나 마치 쇠[太陽]가 늘어나는 것과 같습니다.

동무 이제마 선생은 유년기의 특징을 '보고 듣는

것을 좋아하며(好見聞), 사랑하고 공경하는 것을 잘 한다(能敬愛).'고 정의했습니다. 마치 어린아이가 호기심이 많아 이것저것 묻고 사람을 진정으로 좋아하며 어른을 경외하는 것과 같습니다.

이러한 특징을 바탕으로 태양인의 성격을 유추할 수 있습니다.

쇠를 태양이라 한 것은 '오행이 부리는 마술(질량 변화)'을 참고하세요. 태양기에 있는 어린아이들에게 경기(驚氣)가 잘 생기는 것은 머리로 올라가는 목기(木氣)가 지나치게 많기 때문입니다.

소년 시절과 소양인

소양기(少陽期)를 보십시오.

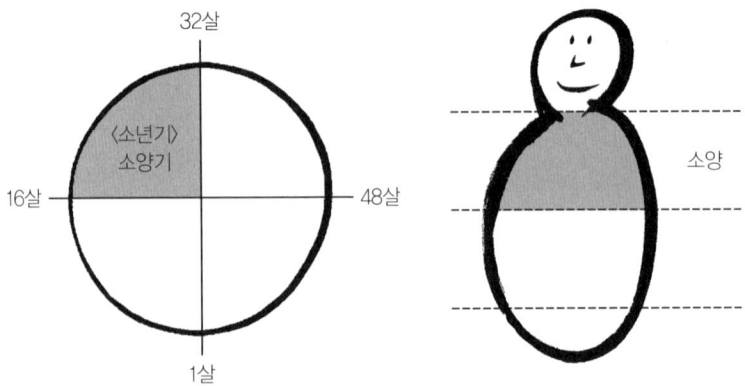

소양기는 몸의 모든 힘이 가슴에 집중되어 있는 때입니다.

이 시기의 젊은이들의 가슴 근육이 잘 발달하는 것도 이 때문입니다. 이 시기에는 가슴으로 느끼는 감정의 격렬함이 절정에 이르며, 힘과 패기가 가장 강합니다.

근육이 발달되고 힘이 강한 것은 에너지가 밖으로 펼쳐지는 것으로, 마치 흙[少陽]이 부서지고 흩어지는 것과 같습니다.

길게 늘어나던 태양기의 생명력이 소양(少陽)에 이르러 흩어지며 펼쳐집니다.

이제마 선생은 소년기의 특징을 '날쌔고 거친 것을 좋아하며(好勇猛), 나는 듯 달리는 것을 잘한다(能騰捷).'고 정의했습니다.

젊은이들에게는 진실을 위해 목숨을 초개와 같이 버리는 용기가 있음을, 도전적이며 거칠고 사나운 젊음을 나타내는 말이기도 합니다. 이 시기에는 조용히 앉아 있기보다는 움직이고 뛰며 바쁘게 활동합니다.

이러한 특징을 바탕으로 소양인의 성격을 유추할 수 있습니다.

중년기와 태음인

태음기(太陰期)를 보십시오.

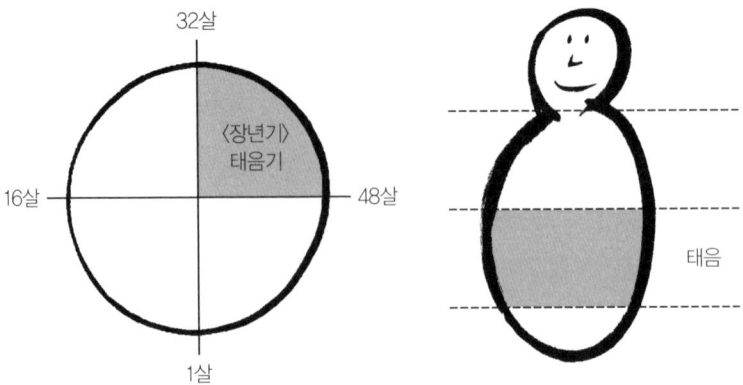

'배' 역시 '머리'와 마찬가지입니다. '배'는 양적 관찰에서는 가을이 되고 질적 관찰에서는 봄에 해당합니다.

태음기는 몸의 힘이 배[大腹]에 집중되어 있는 때입니다. 장년기의 사람들이 배가 나오고 살이 찌는 것도 이 때문입니다.

뱃속으로 모든 것을 잘 거두어 열매 맺는 때이고, 완숙함과 여유가 가장 많기도 합니다. 몸에 살이 찌기 쉬운 것은, 나무[太陰]가 물과 영양분을 잘 빨아들여 저장을 하고 있는 것과 같습니다.

이제마 선생은 장년기의 특징을 '서로 정답게 사귀는 것을 좋아하고(好交結), 몸을 닦고 스스로 삼가함을 잘한다(能修飭).'고 정의했습니다.

중년의 사람들은 서로 모임들을 잘 만들고, 다정다감해서 사람들과 친밀한 관계를 유지합니다. 또한 항상 과거를 돌아보고 반성하며 자신을 닦는 데 게으르지 않고, 몸을 함부로 움직이지 않고 신중하며 차분합니다.

이러한 특징을 바탕으로 태음인의 성격을 유추할 수 있습니다.

노년기와 소음인

소음기(少陰期)를 보십시오.

몸의 모든 힘이 아랫배로 통일되어 있는 때입니다.

노년기에는 전신의 기운이 다 떨어지는데, 그 이유는 젊은 시절에 펼쳤던 에너지를 다시 거두고, 그중 생명의 정수를 갈무리해서 아랫배에 감추기 때문입니다.

아랫배에 한 점으로 통일되며, 인생의 참지혜가 절정에 이르는 것은, 마치 물[少陰]이 길고 긴 흐름을 마치고 한 바다의 法으로 통일되는 것과 같습니다. 왜냐하면 지혜란 모든 것을 거치고 난 뒤 가장 밑바닥에 고요히 하나로 통일된 것이기 때문입니다.

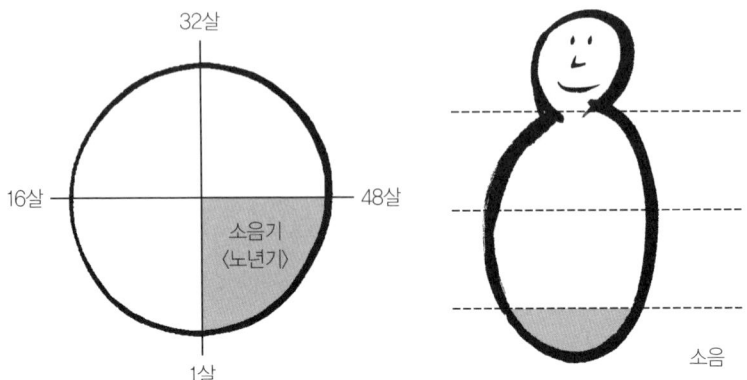

이제마 선생은 노년기의 특징을 '잘 헤아려서 방책을 내기를 좋아하고(好計策), 숨기고 감추는 것을 잘한다(能秘密).'고 정의했습니다.

이는 사람들이 어떤 어려움에 봉착해 헤쳐 나갈 방법을 모를 때 노인들께서 올바른 길을 잘 가르쳐주시는 것과 같으며, 또한 노인들이 생명을 소중히 여기고 아끼는 것과 같은 것입니다.

이러한 특징을 바탕으로 소음인의 성격을 유추할 수 있습니다.

동물도 체질이 있을까

인간은 누구나 인생의 사계절을 거치며 살아가게 되고 태양, 소양, 태음, 소음이 골고루 잘 섞여 있는 존재입니다.

또한 소우주 중에서도 대우주(土)의 본성을 가장 많이 갖추고 있어 만물의 영장으로 군림하고 있습니다. 그래서 본래 인간에게는 체질적 편차가 미약하다고 보아야 옳습니다.

물론 인간은 완전한 존재가 아니라서 목화금수의 과불급이 생겨 어떤 한쪽이 다른 쪽보다 약간 더 발달되거나 덜 발달됩니다. 그렇지만 동물에 비하면 그 정도의 차가 극히 약하다 할 수 있습니다.

그럼, 토화작용(土化作用)*이 약한 동물들을 살펴봅시다.

비교적 잘 진화된 포유류 쪽을 살펴보면 형태적으로 하등동물에 비해 태양, 소양, 태음, 소음의 부위가 비교적 골고루 발달되어 있음을 알 수 있습니다.

* 토화작용(土化作用)은 토의 주체적 작용으로 목화금수를 조정하는 것을 말합니다.

호랑이를 한번 보십시오.

호랑이의 형태를 보고 어떤 체질인지 구별할 수 있겠습니까? 아마 무척 어려울 겁니다.

사상 체질 부위가 골고루 잘 발달되어 있기 때문입니다.

그래서 백수의 왕이라고 부르는 게 아닐까요?

이번에는 같은 포유류 중 캥거루를 보십시오. 어느 곳이 많이 발달되어 있나요?

그렇습니다. 소음 부위인 아랫배가 발달되어 있습니다. 형태적으로는 소음적 성향이 강하다고 할 수 있는 것입니다.

포유류보다 진화의 정도가 낮은 조류로 내려가 봅시다. 우리가 잘 알고 있는 매는 소양 부위인 어깨에서 날갯죽지가 발달되어 있습니다.

매뿐만 아니라 조류들은 전반적으로 소양적 성향이 강한 것을 알 수 있습니다.*

---

* 조류들이 소양적 성향이 강하다는 것은 육체적으로 발달된 모습만을 의미합니다. 따라서 새들이 모두 소음인의 약이 된다고 생각하는 것은 잘못된 견해입니다. 체질은 육체적 형태에만 국한된 것이 아니기 때문입니다.

진화의 정도가 더욱 낮은 물고기를 봅시다.
물고기는 거의 몸통으로만 이루어졌습니다. 태음적 성향이 강한 것을 알 수 있습니다.

마지막으로 연체동물로서 척추동물에 비해 훨씬 하등한 문어를 봅시다.

먹물을 뿜고 도망가는 문어는 보호본능이 잘 발달되어 있어서 음성적이라는 것을 유추할 수 있습니다. 또한 다리를 잘라도 꿈틀거리는 생명력과 다리마다 촘촘히 붙어 있는 강력한 빨판은 간(肝)의 성질과 유사한 모습을 보여줍니다. 이를 통해 문어가 태음적 성향을 지니고 있음을 알 수 있습니다.

이처럼 하등동물로 내려가면 갈수록 한쪽으로만 편향되게 발달해 태소 음양의 체질적 특성이 뚜렷해집니다.

반면에 고등동물로 진화할수록 모든 부위가 골고루 잘 발달해 목화금수의 편급이 줄어들고 체질적 특성이 줄어드는 것입니다.

인간은 지상의 그 어떤 동물보다도 가장 진화되어 있습니다.
그래서 인간의 체질은 가장 구별하기 어렵습니다.
"나는 확실한 태양인이야." 혹은 "나는 확실한 소음인이야."라고 말하는 사람이 있다면 그는 인간적으로 진화가 덜 된 사람이라고 할 수 있습니다.

　인간을 인간답게 하는 것은 전적으로 토(土)의 조화에 있으며, 목(木)이나 화(火), 금(金)이나 수(水)로 치우친 몸과 마음은 동물에 가깝기 때문입니다.

　체질은 인간에게 있어 질병과 같습니다.
　어떤 사람에게 체질적 성향이 뚜렷하게 나타나는 것은 육체 또는 정신적으로 병이 있다는 말과 같습니다. 즉 土가 목화금수를 조절하지 못하여 제대로 순환시키지 못한다는 뜻입니다.

　대부분의 사람들은 자신의 체질을 구별하기 어렵습니다. 소음체질의 특징을 보면 소음인인 것 같고, 또 소양체질의 특징을 보면 소양인인 것 같고, 모든 체질과 조금씩은 다 닮았습니다. 나는 어떤 체질일까 하고 고개를 갸우뚱하지만, 자신의 체질을 구별하기 어려울수록 정상적인 것입니다.
　스스로 판단할 때 체질적 특성이 뚜렷하게 나타난다면, 반드시 자신의 단점을 반성하고 상대 체질을 통해 배우고 고쳐 나가야 하겠습니다.
　태양인에게는 태음인이 스승이며,
　태음인에게는 태양인이 스승입니다.
　소음인에게는 소양인이 스승이고,

소양인에게는 소음인이 스승입니다.

다음은 체질적 성향이 같은 동물들을 모은 것입니다.
어느 체질에 속하는지 생각해 보십시오.

말, 개, 닭, 꿩, 노루, 염소
코끼리, 잉어, 문어, 멍게, 조개
소, 호랑이, 곰, 코뿔소, 상어, 사슴
오징어, 돼지, 자라, 거북이, 낙지

얼굴을 보면 체질을 안다

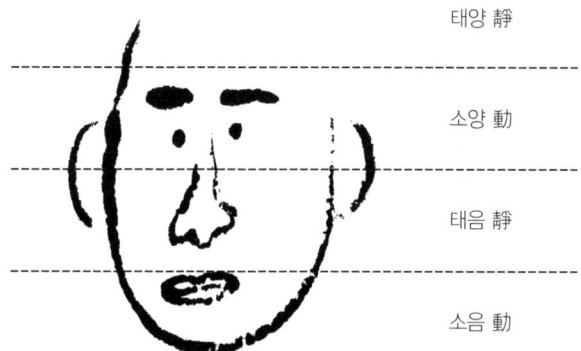

위의 그림을 보십시오. 얼굴을 보면 태양, 소양, 태음, 소음의 성격이 분명하게 나타나 있습니다.

먼저 '태(太)'라는 뜻으로 쓰이는 태양 부위와 태음 부위를 보십시오. 태양 부위는 이마에 해당하며, 태음 부위는 코를 포함하는 뺨 전체를 말합니다.

이 부위들은 소양 부위와 소음 부위에 비해 움직임이 거의 없습니다. 그래서 태음인이나 태양인은 내부적인 변화가 외부로 극히 적게 나타나 그 속마

체질 구별은 '정(情)'을 보는 것입니다. 선천적으로 타고나는 '성(性)'을 보는 것이 옳지만, 그 성이 편급되어 나타나기 때문에 정이라 하였던 것입니다. 체질 구별은 외형의 특징만으로 결정되지 않는다는 뜻입니다.

음 역시 알기 어려운 경우가 많습니다.

이번에는 '소(少)'라는 뜻으로 쓰이는 소양 부위와 소음 부위를 보십시오. 소양 부위는 눈과 귀 부위 전체에 해당하며, 소음 부위는 입과 턱을 포함하는 부위를 말합니다. 이 부위들은 태양 부위와 태음 부위에 비해 움직임이 많습니다. 그래서 소음인이나 소양인은 내부적인 변화가 외부로 표출되기 쉬우며 그 마음이 숨김없이 드러나는 경우가 많습니다.

다음으로 얼굴에 있는 네 가지 감각 기관인 이목구비를 통해 체질을 알아봅시다.

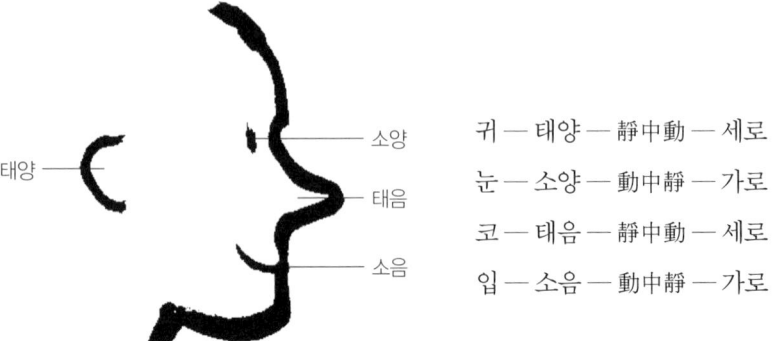

귀 — 태양 — 靜中動 — 세로
눈 — 소양 — 動中靜 — 가로
코 — 태음 — 靜中動 — 세로
입 — 소음 — 動中靜 — 가로

귀는 청각을 주관하며 태양에 속합니다.
눈은 시각을 주관하며 소양에 속합니다.

코는 후각을 주관하며 태음에 속합니다.
입은 미각을 주관하며 소음에 속합니다.

태양과 태음 부위인 귀와 코를 보십시오.
귀와 코는 움직이지 않지만 항상 열려 있어서 고요한 활동을 끊임없이 합니다. 태양인과 태음인의 경우 겉으로는 움직임이 없어 보여도 속으로는 항상 끊임없이 일을 꾸미고 있을 때가 많습니다.
이번에는 소양과 소음 부위인 눈과 입을 보십시오.
바쁘게 움직이고 있지만 눈을 감으면 아무것도 보지 못하고, 입을 닫으면 아무것도 맛보거나 말할 수 없습니다. 겉으로는 바빠 보여도, 쉴 때는 쉬고 일할 때는 일하고 끊고 맺음이 분명합니다. 그래서 소양인과 소음인은 항상 그 움직임이 뚜렷하게 나타나며 일의 시작과 끝이 확실합니다.
좀 더 확대 해석하면 마음을 닫으면 그냥 닫은 것이고, 열면 연 것이라 상대방에 대해 싫고 좋음이 겉으로 드러나는 경우가 많습니다. 그 마음의 종적을 알 수 없는 태양인, 태음인과는 다른 것입니다.

이처럼 태양 태음은 같은 부류의 음양이 되고, 소양 소음도 같은 부류의 음양이 됩니다.

음인(陰人)과 양인(陽人)

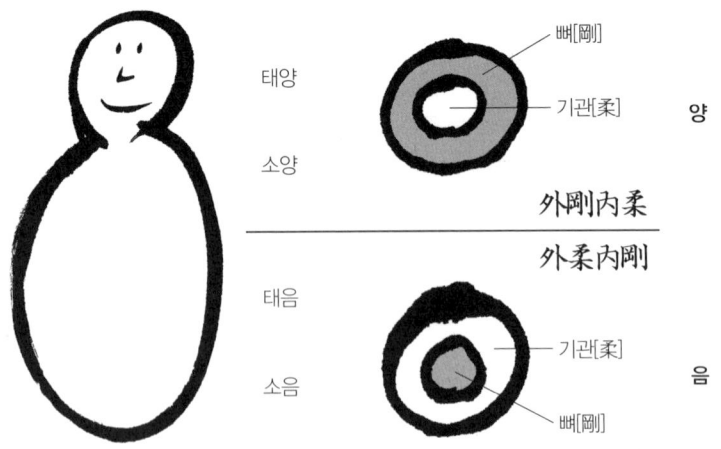

위의 그림을 보십시오.

횡경막을 중심으로 위쪽은 양이 되고 아래쪽은 음이 됩니다.

여기서 다시 나뉘어 얼굴은 태양, 가슴은 소양 부위가 되고, 윗배는 태음, 아랫배는 소음이 됩니다.

그런데 재미있는 것은 양 부위를 보면 딱딱한 뼈는 바깥쪽으로 나와 있고, 부드러운 장기들은 안쪽으로 들어가 있습니다.

그래서 태양인이나 소양인과 같은 양인들은 외강내유(外剛內柔)한 성격을 갖게 됩니다.

반면에 음 부위를 보면 딱딱한 뼈는 속에 몰려 있고 부드러운 장기들은 바깥쪽으로 나와 있습니다.

그래서 태음인이나 소음인과 같은 음인들은 외유내강(外柔內剛)한 성격을 갖게 됩니다.

이러한 사실을 사람 사귀는 데 응용해 보면 체질적 특징을 잘 관찰할 수 있습니다.

음인을 사귀어 보면 성격이 부드럽고 다정한 것을 느낄 수 있습니다. 하지만 그런 음인과 깊게 사귀기는 결코 쉽지 않습니다.

내면이 단단하기에 쉽게 마음을 주지 않는 것입니다.

반면에 양인은 겉으로 강하고 거칠어 보여서 접근하기가 쉽지 않아 보입니다. 그러나 딱딱한 껍질이 벗겨지면 진한 감정의 부드러움을 숨기고 있다는 것을 알 수 있습니다.

이번에는 이목구비의 숫자에 주의하여 봅시다.

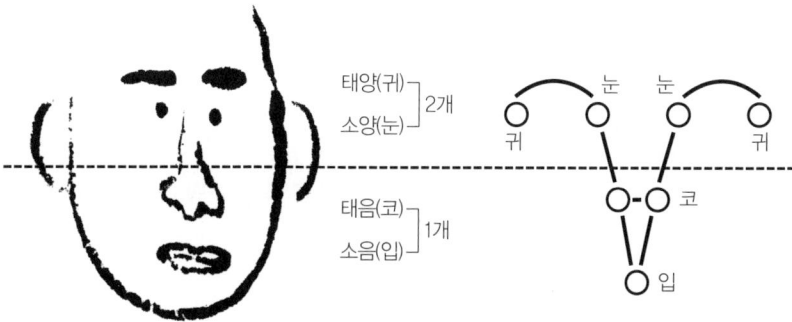

체질은 뭘까 243

이 그림은 음양이 가지고 있는 독특한 모습을 1과 2의 숫자로 보여주고 있습니다. 양 부위의 눈과 귀는 확실히 두 개로 되어 있지만, 음 부위의 코와 입은 확실히 하나로 되어 있습니다.

입(한 개)으로부터 시작하여 코(한 개 속의 두 개)에서는 분화의 기미가 보이고, 눈(완전히 두 개)에 이르러서는 확실히 두 개로 분열되며, 귀(다시 합쳐지려는 두 개)에 이르러서는 진화가 많이 된 동물일수록 얼굴의 아래쪽으로 점차 내려오고 있으나 확실한 두 개로 존재합니다.

두 개는 한 개가 밖으로 분열한 것이고,
한 개는 두 개가 안으로 통일한 것입니다.

그래서 눈과 귀의 양 부위가 두 개로 분열된 모습이 우리에게 가르쳐주는 것은, 양인들은 끊임없이 밖을 지향해 나아가거나 탈출하려고 한다는 것입니다. 양인들이 억압이나 탄압에 목숨을 걸고 대항하려는 성향이 강한 것은 이 같은 이유 때문입니다.

반대로 코와 입의 음 부위가 하나로 되어 있는 모습이 우리에게 가르쳐주는 것은 음인들이 변화보다는 안정을, 밖으로 도전하여 나아가려고 하기보다는 방어와 내실을 소중히 여긴다는 것입니다.

음인들이 꿈이나 이상에 빠져 있기보다는 모든 일을 구체적으로 하나하나 현실화하는 데 능한 것도 이 같은 이유 때문입니다.

나의 체질을 찾아

뜨거운 여름은 추운 겨울과 반대의 특성을 가지고 있으며 씨뿌리는 봄 역시 결실의 가을과 반대의 특성을 가지고 있습니다.

당연한 이야기이지만 이러한 특성은 대자연의 섭리 속에서 살아가는 인간들에게는 대단히 큰 영향을 줍니다.

이 사실을 인생에 적용해 봅시다.

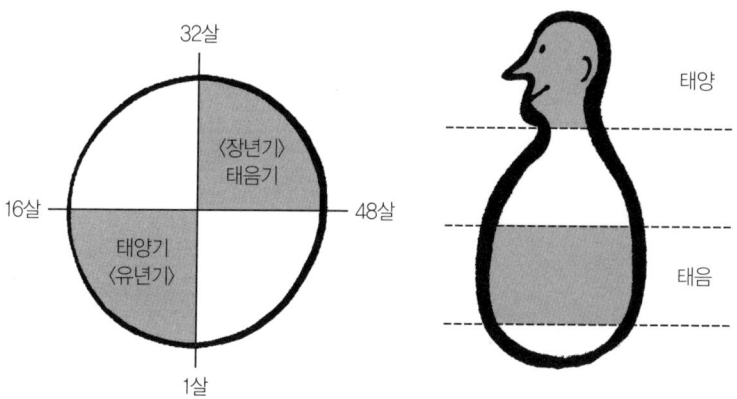

위의 그림에서 볼 때 인생을 사계절로 나누면 유년기의 모습은 이른 봄 새싹이 돋는 시기와 같고, 점잖은 장년기의 모습은 열매

맺는 가을과 같은 시기입니다. 즉 유년기와 장년기는 정반대의 모습입니다.

이를 인체에 비유하면 머리의 태양 부위와 윗배[大腹]의 태음 부위가 반대라는 의미와도 같습니다.

좀 더 확대해서 생각하면 태양인과 태음인은 정반대의 특성을 가지고 있다는 뜻입니다.

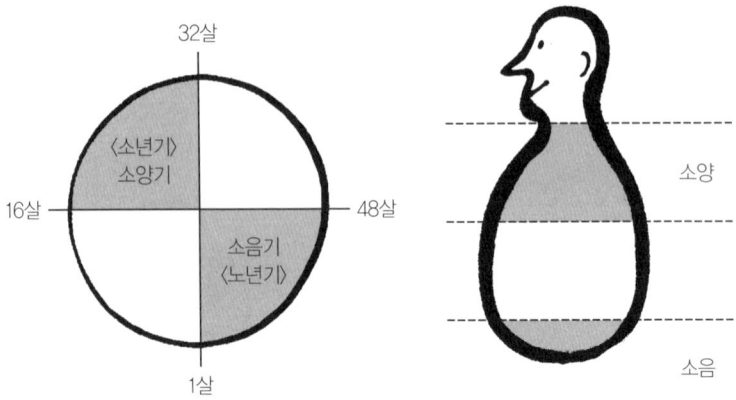

똑같은 방법으로 소양인과 소음인을 관찰할 수 있습니다.

17~32세까지의 젊음은 뜨거운 여름과 같아서 겉으로는 강해 보이고 화려하지만 속은 비어 있기 쉽습니다.

반면에 48~64세까지의 노년은 추운 겨울과 같아서 겉은 약해 보이지만 속에는 생명의 고갱이를 잘 수장(收藏)하고 있다고 할 수 있습니다.

이처럼 뜨거운 여름과 차가운 겨울은 정반대편에 서 있는 것입니다.

이는 가슴의 소양 부위와 아랫배의 소음 부위가 정반대의 특징을 가지고 있는 것과 같고, 소양인과 소음인이 서로 반대의 특성을 가지고 있는 뜻입니다.

내 체질은 뭘까? 1

앞에서 이야기한 '태양기와 태양인'과 '태음기와 태음인'을 다시 한 번 정독한 후 둘을 잘 비교하면서 생각해 보십시오.
단 육체적으로 살이 쪘느니, 혹은 머리가 크니 하는 것은 자신의 체질을 구별하는 데 별 도움이 되지 않으니 생각하지 맙시다.

관심을 기울일 것은 이제마 선생의 말씀입니다.
태양은 '보고 듣는 것을 좋아하며 사랑하고 공경하는 것을 잘한다.'
태음은 '서로 정답게 사귀는 것을 좋아하고 몸을 닦고 스스로 삼가함을 잘한다.'

일반적으로 태양의 장점에 능하면 태음의 장점에는 못 미치고, 태음의 장점에 능하면 태양의 장점에는 못 미치는 것이 인간의 이치입니다.
마찬가지로 '소양기와 소양인'과 '소음기와 소음인'을 비교해 보십시오.
역시 이제마 선생의 말씀에 초점을 맞추어야 합니다.

소양은 '날쌔고 거친 것을 좋아하며 나는 듯 달리는 것을 잘한다.'

소음은 '잘 헤아려서 방책을 내기를 좋아하고, 숨기고 감추는 것을 잘한다.'

역시 한쪽의 장점에 강하면 다른 쪽에 약하기 마련입니다.

이러한 방법으로 자신의 체질에 접근해 봅시다. 이때 반드시 자신이 현재 나이에 느끼는 특징적 상황을 함께 고려해야 합니다.

만약, 여러분이 20세의 팽팽한 젊음이라면 당연히 정신적으로는 '소양'적인 시대를 살고 있기 때문에 자신을 소양인이라고 착각할 우려가 있기 때문입니다.

자신의 나이와 상관없이 어느 기질로 치우쳐 있는지를 냉정하게 평가해야 하는 것입니다.

그러면 다음 단계로 넘어가 보십시오.

내 체질은 뭘까? 2

이번에는 '얼굴을 보면 체질을 안다'를 같은 방법으로 자세히 읽어봅시다.

'태(太)'에 속하는지 '소(少)'에 속하는지를 나름대로 결정해 보세요.

그 다음으로 '음인과 양인'을 자세히 읽으면서 역시 자신이 '음인(陰人)'인지 '양인(陽人)'인지를 유추해 보십시오.

태소와 음양을 알게 되면 자신의 체질을 파악하기 쉬울 것입니다. 몇 번이고 반복해서 자세히 읽어 보면 자신의 체질을 알 수 있을 것입니다. 이러한 방법을 통하면 두 가지 결론이 나게 됩니다.

자신의 체질을 명확히 알 수 있는 경우와 그래도 잘 알 수 없는 경우가 있습니다.

만약 여러분이 이러한 방법을 통해서도 자신의 체질을 잘 모르겠다면 체질을 파악하려고 애쓰지 마세요. 왜냐하면 여러분은 비교적 몸에 사상 체질이 골고루 잘 조화되어 있는 경우이기 때문에 굳이 체질을 나누거나, 전문가에게 찾아가 체질을 알아보거나 하여도 별 도움이 되지 않습니다. 이상적으로 몸의 조화가 잘 이루어져 있는데도, 자신의 체질을 억지로 구별해 편향된 성질의 음식이나 약을 장복할 경우 오히려 한쪽으로 치우쳐 병을 초래할 수도 있기 때문입니다.

또한 여러분에게 중대한 병이 있다면, 전문가인 의사와 상담을 하는 것이 옳지 섣부른 지식으로 음식이나 약을 복용하는 것은 너무나도 위험한 일입니다. 평소에 골고루 음식을 섭취하는 것이 가장 좋은 건강의 길입니다.

만일 위의 몇 가지 예만 가지고도 명확히 '나는 이러한 체질'이라고 확신할 수 있다면, 다음과 같이 대처하는 것이 건강을 지키는 데 큰 도움이 될 것입니다.

자신을 소양인으로 판단하는 사람은 소음적인 기질이 부족해 한쪽으로 치우친 성격이나 혹은 성향을 가지고 있다고 보아야 합니다. 이 경우 끊임없이 소음적인 기질을 보완하려고 노력해야 합니다. 더불어 각 체질의 음식들을 골고루 먹되 소음적인 성질의 음식을 좀 더 섭취하려 노력하고, 반대로 소양적인 성질의 음식들은 덜 먹는 것이 건강에 좋습니다. 너무 한쪽으로 치우친 식단을 장복하면 오히려 몸에 해로울 수도 있습니다.

다른 체질인 경우에도 마찬가지입니다.

태음인인 경우 자신의 장점은 잘 살리고 단점은 보완하려고 노력해야 합니다. 음식은 골고루 먹되 태양적인 성질의 음식을 더 많이 섭취하고, 태음적인 성질의 음식을 조금 적게 섭취하도록 노력하십시오.

어떤 체질로 판단되든 인간은 진화가 가장 잘된 만물의 영장입니다. 사상적인 관점으로 볼 때도 인간은 네 가지 체질의 특성을 골고루 가지고 있습니다. 육체적 건강을 위해서는 식탁의 여러 음식을 골고루 섭취하여 몸의 균형을 유지하는 것이 가장 중요하고, 정신적 건강을 위해서는 중도(中道)를 지켜 희로애락을 적절히 조절하는 것이 삶의 중요한 지표가 되는 것입니다.

인간이든 만물이든 혹은 대우주이든, 오행이라는 다섯 가지의 걸음걸이를 하는 네 개의 존재가 있습니다.
그 어떤 가면을 썼더라도 다섯 가지의 춤을 추는 대우주의 한 가족이며, 하나의 '싯다르타'입니다.
나와 남을 다른 부류로 분류해 차별하는 마음에서 사상의학을 시작하면 우리는 짐승보다 못한 존재가 될 수 있습니다.
모두가 하나이고 같다는 데서 출발해 서로의 차이를 극복해 나가는 것이 옳은 발길입니다.

오행이 부리는 마술(질량 변화)
── 순대 접시 위의 간

포장마차에서 순대를 먹어 본 적이 있습니까? 퍼석퍼석한 간에 맛들인 사람들은 주문할 때 "간을 많이 넣어 주세요."라는 말을 덧붙입니다.

그런데 생간을 먹어 본 사람은 간이 원래 야들야들하다는 것을 잘 알고 있을 것입니다. 야들야들한 간을 끓였더니 퍼석퍼석하게 되어 버린 것입니다.

우리는 앞에서 간은 오행의 木이라고 이야기했습니다. 그리고 木은 '생명력(生)'을 뜻합니다.

그렇다면 '죽은 나무'는 무엇일까요?

오행의 첫걸음인 生을 木이라 한 것은 나무가 그 어떤 물질보다 잘 자라기 때문입니다. 생명력이 강해 잘 자라던 나무가 죽어 버렸다면 그 죽은 나무는 木일까요, 아닐까요?

자! 잘 생각하셔야 합니다. 죽은 나무는 木이 아닙니다.

나무를 오행의 木이라 한 것은 나무 속에서 끊임없이 자라고 있는 생명력을 표현한 것이지, 나무의 재질 자체를 의미하는 것은 아니기 때문입니다.

　죽은 나무는 木이 아니라 木을 담았던 그릇에 불과합니다.

　생명력을 많이 가지고 있는 어린 나무는 야들야들하지만 큰 나무가 되어 생명력을 많이 소모할수록 딱딱하게 바뀝니다. 그리고 완전히 죽어 물기가 모두 빠져 버린 나무는 더욱 딱딱해집니다. 우리 몸속의 간도 자신의 생명력을 거의 소진하면 딱딱해져서 간경화증이 되기도 합니다.

　이처럼 나무든 간이든 삼라만상은 두 가지 시각에서 관찰할 수 있습니다.

　나무의 경우, 나무의 내용을 보는 질(質)적 관찰과 그 내용을 담고 있는 그릇을 보는 양(量)적 관찰이 있는 것입니다.

　오행을 파악할 때도 마찬가지입니다.

　이 책에서 지금까지 설명한 오행의 개념은 질(質)적인 관찰을 위주로 설명해 왔습니다. 그러나 이제 시각을 바꿔 오행의 양(量)적인 관찰을 시작해 봅시다.

　오행을 질과 양으로 동시에 이해할 때 천지는 자신의 모습을 숨김없이 보여주기 때문입니다.

불과 흙의 이야기

지금까지 이 책을 자세히 읽은 분이라면 아래의 그림에 그다지 거부감이 느껴지지 않을 것입니다.

그렇습니다. 이 책에서 소개하는 오행의 전부라 해도 과언이 아닐 만큼 중요한 그림입니다.

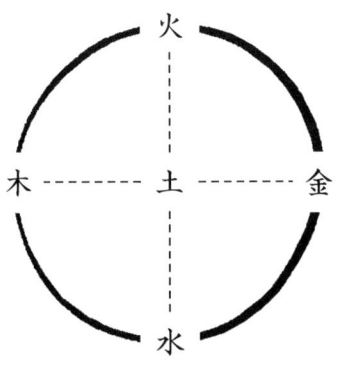

가운데에 토(土; 化)가 있어 목화금수의 생장수장을 주관하는 모습입니다.

그런데 이 그림이 마술 아닌 마술을 부리며 변화하기 시작합니다.

지금으로부터 약 100여 년 전에 우리나라에 오셨다 가셨던 동무(東武) 이제마 선생이 보여주었던(有意而不言) 오행의 마술입니다.

오행의 변화하는 과정을 자세히 살펴보면 인체뿐만 아니라 자연의 실상까지 밝힐 수 있을 것입니다.

우리는 위의 그림을 통해 토(土; 化)가 중앙에 있

동무(東武)께서 '유의이불언(有意而不言)'이라고 하셨던 오행의 마술은 《우주 변화의 원리》(한동석 저) 중 〈오행의 질량 변화〉에 자세히 설명되어 있습니다.

다는 것을 잘 알 수 있습니다. 그런데 이번에는 지구를 사과 쪼개 듯 반으로 쪼개어 봅시다.

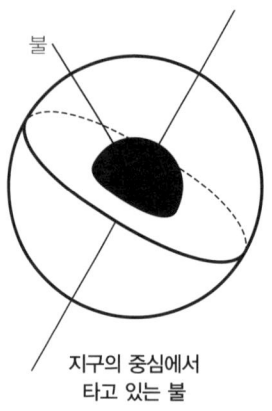

〈음양이 뭐지?〉 222쪽을 참조하세요.

그림에서 보다시피 지구의 한가운데는 엄청나게 뜨거운 불이 들어 있습니다.

분명 앞의 그림에서는 중앙에 토(土)가 들어 있었는데, 지구를 쪼개 보니 흙이 들어 있지 않고 불이 들어 있는 것이 아닙니까!

사람 역시 마찬가지입니다.

사람의 중심은 어디일까요? 인간은 횡격막을 중심으로 상하로 나뉩니다.

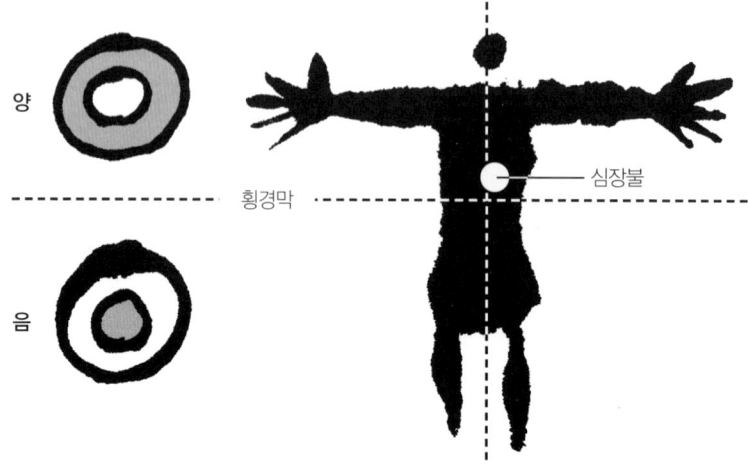

비록 약간 왼쪽으로 치우쳐 있긴 하지만 인간의 중심에는 심장이 있습니다. 생명이 시작되는 그날부터 생명이 끝나는 날까지 단 한시도 쉬지 않고 박동하는 심장을 이미 앞에서 화(火)라고 이야기한 바 있습니다. 인간의 중심에도 사실 불의 장기가 들어 있는 것입니다.

우리가 사는 태양계의 중심을 보십시오. 역시 불타는 태양이 자리 잡고 있습니다.

물질이 시작된다는 원자의 세계로 가 봅시다.

원자의 중심에 있는 원자핵 역시 붕괴될 때 엄청난 힘을 내는데, 그 힘은 불의 성질을 대변합니다.

이처럼 미시의 원자 세계부터 거시의 천체 세계까지 모든 중심에는 실제로 불이 들어 있습니다.

그렇다면 앞에서 이야기한 중앙의 토(土)는 어디로 사라졌나요? 지구를 다시 한 번 보십시오. 지구를 온통 감싸고 있는 것이 바로 흙[土]입니다. 불은 속에 들어 있고, 흙은 겉에 흩어져 있습니다.

> 흙은 5土이고 대지(혹은 지구)는 10土입니다(정역도의 수 참조).

오행의 질적 관찰은 실제 현상 세계를 대상으로

하는 것은 아닙니다. 삼라만상이 시간을 따라 자신의 얼굴을 바꾸어 가며 보여주었던 다섯 가지의 춤의 진행 원리와 같은 것입니다. 즉 만물이 천지라는 무대 위에서 펼치는 연극의 각본을 보는 것과 같습니다.

연극이 무대 위에 올라가면 각본은 보이지 않습니다. 실제로 무대 위에 펼쳐진 현실의 세계는 양적인 관찰을 통해 다시 보아야 하는 것입니다.

다시 말해서 화(火)라는 것과 불이라는 것은 다르다는 것입니다.

시간 속에서 화(火; 長)는 목(木) 다음의 분산하는 모습을 대표하는 것이고, 공간 속에서 불이라는 실제 존재는 중앙에 자리 잡고 있는 현실의 중심이 되는 것입니다.

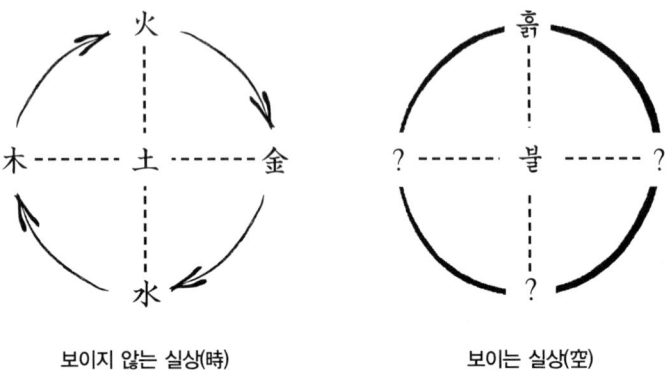

보이지 않는 실상(時)　　　　보이는 실상(空)

같은 이치로, 시간 속에서 토(土; 化)가 시간을 굴리고 있는 배후의 원동력처럼 보이지 않는 중심이라면, 공간 속에서 흙이라는 실제 존재는 겉으로 분산되어 흩어져 있는 존재입니다.

화와 토가 현실의 불과 흙으로 드러나면 오행의 자리가 뒤바뀐다는 마술은, 바로 동무 이제마 선생께서 밝히신 시공(時空)의 비밀인 것입니다.

나무와 쇠와 물의 이야기

결론적으로 말하면,

목(木; 長)이 나무라는 실체로 바뀌면 빨아들이는 금(金)으로 바뀌고,

금(金; 斂)이 쇠라는 실체로 바뀌면 늘어나는 목(木)으로 바뀌며,

수(水; 藏)가 물이라는 실체로 바뀌면 응고하는 수(水)에서 부드러운 수(水)로 바뀌게 됩니다.

정리해 보면 다음과 같습니다.

목(자라나는, 生) —	나무 —	金(빨아들이는)
화(분산하는, 長) —	불 —	土(생명력을 불어넣는)
토(조화하는, 化) —	흙 —	火(부서지는)
금(거두어들이는, 收) —	쇠 —	木(늘어나는)
수(감추는, 藏) —	물 —	水(부드러운)

어려운 개념 같지만 오행이 형이상의 개념에서 형이하의 실체로 가기 위해 거쳐야 하는 어쩔 수 없는 어려움입니다. 우리는 앞에서 이야기했던 순대 접시에 놓인 돼지의 간과 허파에 대해 다시 생각

해 볼 필요가 있습니다.

돼지의 허파가 돼지의 몸속에 있을 때는 공기를 받아들여 인체에 새로운 생명의 입김을 불어넣는 일을 해왔고, 그것을 폐의 금(金) 작용이라고 했습니다. 그러나 폐가 금(金)의 작용을 하기 위해서는 스스로 풍선처럼 늘어나는 재질로 되지 않으면 공기를 가득 받아들일 수 없습니다.

즉, 폐의 재질이 늘어나는 목(木)이 되지 않으면 폐는 금(金)의 작용을 할 수 없는 것입니다.

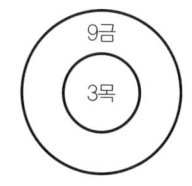

폐, 쇠(정역도의 수 참조)

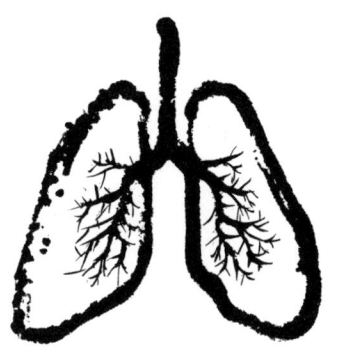

허파

돼지의 간도 마찬가지입니다. 간은 생명의 에너지를 가지고 있는 장기이며, 그러한 장기의 특성을 목(木; 生)이라고 했습니다.

그러한 생명의 에너지를 담기 위해서는 간이 어떤 재질로 형성되어 있어야 할까요?

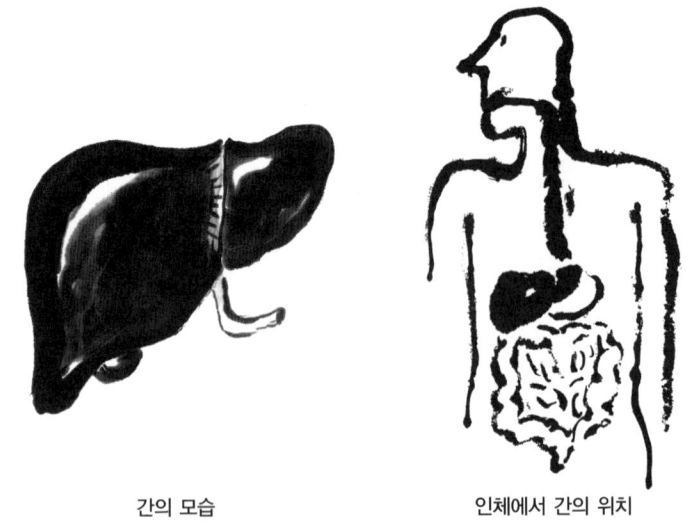

간의 모습   인체에서 간의 위치

간의 재질은 간 내부의 생명력을 흡수하는 빨판과 같은 것입니다. 허파의 허파꽈리(폐포)는 최대로 늘어나기 위해 둥근 형상을 하고 있지만, 간은 생명의 에너지를 최대한 빨아들여 내놓지 않기 위해 삼각형의 모습을 하고 있는 것입니다.

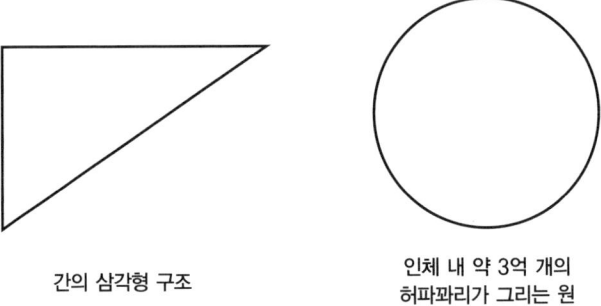

간의 삼각형 구조   인체 내 약 3억 개의 허파꽈리가 그리는 원

같은 둘레로 가장 많은 넓이를 차지하는 도형은 원이고, 가장 작은 넓이를 차지하는 도형은 삼각형입니다.

허파꽈리는 원의 도형으로 최대로 늘어나고 있지만, 간은 생명의 에너지가 빠져 나가지 않게 삼각형으로 움츠리고 있습니다.

이 같은 모습 때문에 간은 생명력이 들어 있는 장기로 오행의 목(木; 生)이라 했고, 그 생명력을 담는 그릇으로서 금(金; 빨아들이는)이라고 하는 것입니다.

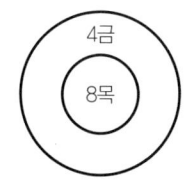

간, 나무(정역도의 수 참조)

쇠가 열을 받아 재질이 늘어나는 것을 보고 목이라 하고 나무가 죽어 재질이 딱딱해지는 것을 보고 금이라 하는 것도 같은 이치입니다.

마지막으로 남는 것은 물입니다.

수(水; 藏)를 오행으로 이야기하면 끝과 시작이 맞물린 자리로, 새로운 생명으로 재탄생하기 위해 잠자는 시기와 같다고 했습니다.

오행의 수(水)는 응고하는 성질을 대표합니다.

그래서 물을 통해서만 시멘트도 굳을 수 있고, 인간과 동물 역시 태어나기 전에 엄마의 뱃속에서 양

식물의 씨앗이 발아할 때도 물이 없으면 발아하지 못합니다.

수의 압박을 받아야 생명력이 하나로 충양될 수 있는 것입니다.

그러나 그러한 응고의 힘을 가진 물의 재질은 어떠합니까?

너무나도 부드럽습니다.

오행의 수가 비록 응고하는 성질을 대표한다 하더라도, 수는 다시 목으로 재탄생되는 영원성을 가지고 있는 것입니다.

뿐만 아니라 모든 생명의 시원이 바로 수(水)에서 출발하기 때문에 본래 생명의 자율성이 내재되어 있습니다.

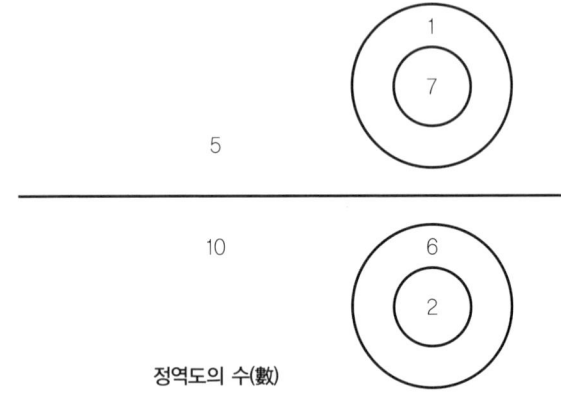

정역도의 수(數)

그래서 응고하는 수가 질량 변화를 일으켜 부드러운 물로 바뀌더라도 수(水)는 그대로 수(水)가 되는 것입니다.

인체의 콩팥은 묵은 혈액을 걸러 새로운 생명의 피로 바꾸는 수(水)인 동시에, 혈액의 찌꺼기는 부드러운 물(小便)로 바꾸어 배설하고 있습니다.

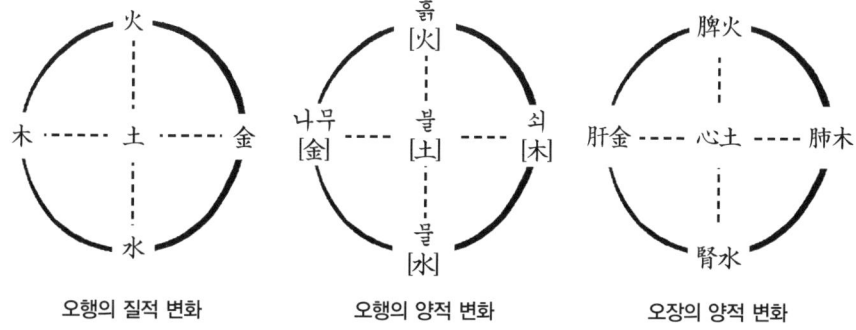

오행의 질적 변화　　　오행의 양적 변화　　　오장의 양적 변화

위의 그림을 자세히 음미해 보십시오. 오장의 실상이 질량 변화를 일으키고 있습니다. 그러나 이러한 오행의 마술은 결코 동무 이제마 선생 한 분만의 창안은 아니었습니다.

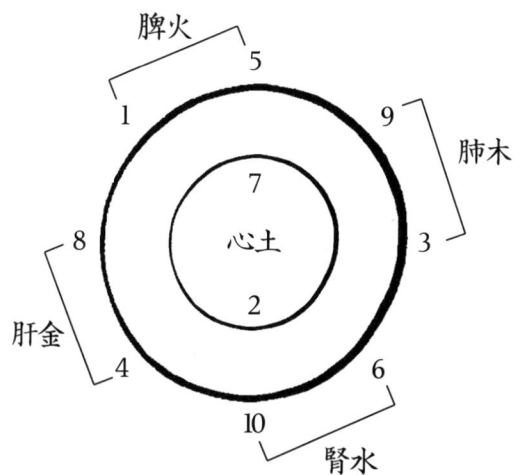

김일부 선생의 '정역도'는 만유(萬有)에 응용할 수 있습니다. 여기서는 인체의 양적 관찰로 이루어진 오장을 정역도에 대입해 본 것입니다.

바로 동시대에 살았던 김일부 선생이 정역도에서 이미 그 뜻을 숫자로 표시해 놓았으니, 참으로 신기한 일이 아닐 수 없습니다. 자세한 상수의 설명은 생략하고 '정역도'의 숫자에 오장을 배속해 보았습니다. 깊은 연구가 필요한 그림입니다.

체질은 왜 생길까

동무 이제마 선생께서 말씀하셨습니다.

"허파는 큰데 간이 작은 사람을 태양인이라 하고, 간은 큰데 허파가 작은 사람을 태음인이라 하며, 지라는 큰데 콩팥이 작은 사람을 소양인이라 하고, 콩팥은 큰데 지라가 작은 사람을 소음인이라 한다."

人稟臟理 有四不同
肺大而肝小者名曰太陽人
肝大而肺小者名曰太陰人
脾大而腎小者名曰少陽人
腎大而脾小者名曰少陰人

그러나 이제마 선생이 장기의 실제 크기를 이야기한 것은 아닙니다. 그렇다면 왜 크다, 작다고 하셨을까요?

그 해답의 실마리는 동양의 수많은 의학자들이 한결같이 오장의 이치를 함께 이야기하는 데 반해, 유독 이제마 선생만이 심장을 빼놓고 설명하시는 데 있습니다.

앞에서 정역도에 배속시켰던 오장의 그림을 다시 한 번 보십시오.

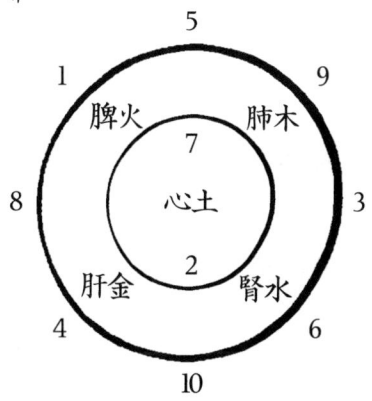

이 그림을 보면, 이제마 선생께서 말씀하신 네 개의 장(臟)이 바깥쪽에 놓여 있고 안에는 불타는 심장이 들어 있습니다.

오장을 전통적 오행 개념에 따라 배치한 것이 아니라 새로운 배치를 보여주고 있습니다.

오행의 양적인 관찰이라 할 수 있습니다.

그럼, 이 그림과 인간의 체질은 어떤 관계가 있을까요?

그림을 자세히 보십시오.

간이 크면 그림의 반대편에 있는 폐가 작습니다.

폐가 크면 반대편의 간이 작습니다.

비장과 신장의 관계도 마찬가지입니다.

왜 이런 일이 일어날까요?

그 이유는 동양이 우주를 보는 시각을 통해 풀 수 있습니다.

사실 오장은 인체의 몸통 속에 들어 있는 토 중의 토(土中之土; 혼돈 속의 질서)입니다. 이 오장의 모습을 가장 잘 설명할 수 있는 것이 바로 12지지(地支)입니다.

그림에서 보듯 오장이란 몸통이라는 토(土) 속에 들어 있는 또 다른 토(土)의 모

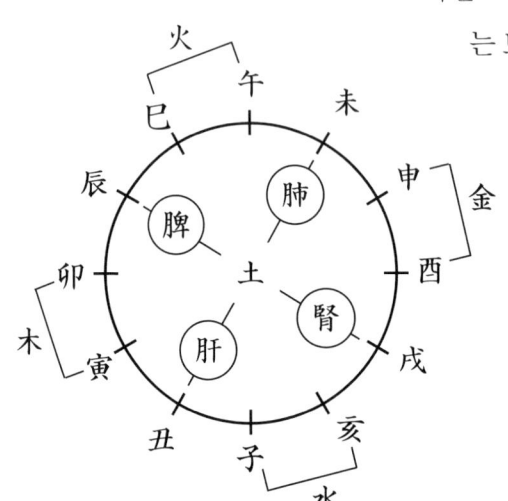

습이기 때문에 12지지(地支)로 이야기하면 진(辰; 용), 술(戌; 개), 축(丑; 소), 미(未; 양)가 오장의 대변자가 됩니다.

물론 그 토 속의 또 다른 토인 심장은 중앙의 태극이라 12지지에서는 보이지 않습니다.

그런데 여기서 눈여겨보아야 할 것은 진술축미 네 방향의 토(土)가 기울어져 있다는 사실입니다.

토란 만물의 조정자인데 왜 기울어져 있을까요? 그렇습니다. 폐비간신의 크고 작음, 그리고 네 가지 체질이 생기는 이유가 바로 여기에 있습니다.

먼저 이 12지지를 일 년의 24절후에 배속해 보십시오.

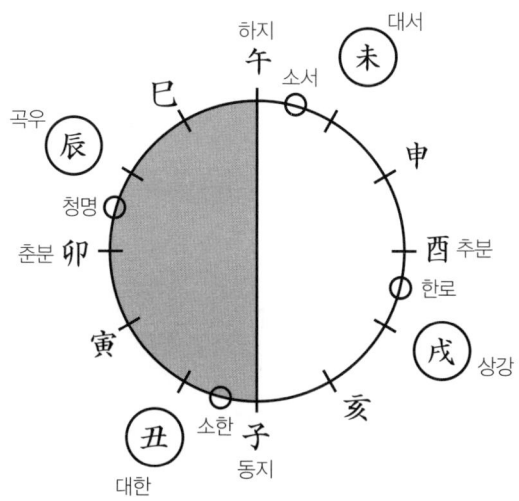

동지(양력 12월 22일경)를 보십시오.

동지는 일 년 중에 밤이 가장 긴 날을 의미합니다. 그러므로 동지 다음 날부터는 낮이 차츰 길어지기 시작합니다.

즉 동지 이전까지는 밤과 낮의 싸움에서 밤이 계속 주도권을 쥐어 왔으나 그 이후부터는 낮이 힘을 내어 밤을 이기기 시작합니다. 양이 음을 주도하기 시작한 것입니다.

그렇다면 동지가 지난 뒤에는 당연히 날씨도 따뜻해져야 하는데, 절후로는 소한(小寒)이 이어지고 그것도 모자라 대한(大寒)이 또 뒤를 잇습니다. 분명히 낮이 점차 길어지는데 날씨는 오히려 더 추워지고 있습니다. 왜 그럴까요?

이유는 간단합니다.

밤낮(晝夜)은 하늘에서 일어나고 추위와 더위(寒暑)는 땅에서 일어나기 때문입니다.

그런데 땅인 지구는 기울어져 있습니다.

그 결과 토가 자신의 기능인 중화(中和) 작용을 제대로 해내지 못합니다. 대한(丑)을 지나서 따뜻해지기 시작하는 것은 이때가 되어서야 비로소 토 작용을 하기 때문입니다.

인간에게 있어 폐비간신의 크고 작음 역시 이러한 여파로 일어나는 변화의 한 단면일 뿐입니다.

 지구 자체의 4토(진술축미)가 기울어져 있으니 인간의 4토가 기울지 않을 수 없는 것입니다.

 인간은 소우주입니다. 그리고 우주의 삼라만상 중 중앙의 토(土)에 가장 가까운 존재이며, 현상계에 태어날 때는 진술축미의 어느 한 가지 기운을 타고 태어날 수밖에 없습니다.

> 지구에 사계절이 생기는 것은 지구의 자전축이 기울어졌기 때문입니다. 즉 지구의 토화 작용이 불완전하여 생긴 필요악이 사계절인 것처럼, 인간 역시 필요악의 네 가지 체질이 생기게 되는 것입니다.

 그리고 지구의 토(土)가 병든 것처럼 기울어져 지상에 비정상의 기후가 생겨나고, 그 지구에서 태어나는 인간도 장기의 크고 작음이 생겨 네 가지의 체질을 가질 수밖에 없는 것입니다.

 축(丑)을 보십시오. 대한(大寒)입니다.
 생기가 충만하며 생명의 싹이 돋아나야 할 때임에도 불구하고 가장 추운 때입니다. 이러한 특징을 가지고 태어난 사람을 태음인이라고 합니다.
 이미 올라와야 할 목(木)이 안으로 눌리고 눌려 있는 상태로, 누르는 힘[金]과 올라오는 힘[木]이 서로 강하게 대치하고 있습니다. 이 같이 병든 상황을 일컬어 '금목(金木)이 공대(共大; 모두 크다)'하다고 합니다. 인체의 장기로는 간금(肝金)은 큰데 폐목(肺木)은 작은 상태입니다.

4金 8木

진(辰)을 보십시오. 곡우(穀雨)입니다.

봄의 생기(生氣)가 여름의 더운 열기로 흩어져야 할 때인데도 불구하고 아직 봄을 벗어나지 못하고 여름을 재촉하는 비가 내릴 뿐입니다. 이러한 특징을 가지고 태어난 사람을 소양인이라고 합니다.

화려하게 퍼져 분산되어야 할 화(火)가 안으로 가득 차 폭발하기 일보 직전입니다. 이 같이 병든 상황을 '화수(火水)가 공대(共大)'하다고 합니다.

인체의 장기로는 비화(脾火)는 큰데 신수(腎水)가 작은 상태입니다.

7火 1水

미(未)를 보십시오. 대서(大暑)입니다.

여름의 열기가 가을의 서늘한 냉기로 열매 맺고 있어야 할 때임에도 불구하고 아직 뜨거운 여름을 벗어나지 못하고 있습니다. 이러한 특징을 가지고 태어난 사람을 태양인이라고 합니다.

안으로 통일하여 열매 맺어야 할 금(金)이 아직

화기를 다 싸안지 못해 자신의 양기를 날려 버리기 일보 직전의 상태입니다. 이 같이 병든 상황을 '목금(木金)이 공대(共大)'하다고 합니다.

  인체의 장기로는 폐목(肺木)이 크고 간금(肝金)이 작은 상태입니다.
3木 9金

  술(戌)을 보십시오. 상강(霜降)입니다.

  가을에 거두어 열매 맺은 양기가 겨울의 찬 압박을 받고 반발하며 생명력을 충양해야 할 때임에도 불구하고 이제 겨우 서리가 내려 생명력을 다지지 못하고 있는 상태입니다 이러한 특징을 가지고 태어난 사람을 소음인이라고 합니다.

  가을에 열매 맺은 씨앗은 땅에 떨어져 서서히 압박을 받으며 마치 눌리는 용수철처럼 생명의 힘을 길러야 하는데, 아직 압박을 못 받고 있기 때문에 곧 닥칠 거센 추위에 얼어 죽기 쉬운 상태인 것입니다. 이 같이 병든 상황을 '수화(水火)가 공대(共大)'하다고 합니다.

  인체의 장기로는 신수(腎水)는 크고 비화(脾火)는 작은 상태입니다.
6水 2火

이처럼 인간의 네 가지 체질은 불완전한 지구의 불완전한 토를 받고 태어났기 때문에 생기게 된 숙명의 병입니다.

다시 말해서 인간이 체질을 가지고 태어난 사실 자체가 병든 상황에 빠져 있는 것과 다를 바 없습니다.

물론 지구가 완전한 토의 작용을 할 때에는 지구에 사계절이 없어질 것이고, 인간에게는 네 가지의 체질이 없어질 것입니다.

완전한 토의 작용이란 지축이 정립되는 것입니다.

여기서 지축이 바로 선다는 것은 현실적으로 약 23.5도 기울어진 지구의 자전축이 바로 선다는 것을 의미하기도 하지만, 대우주의 기울어진 토화(土化) 작용의 내면 축이 바로 선다는 의미가 더 큽니다.

음양오행을 마치면서

한 늙은 남자가 있었다.
평생을 혼자 살아 온 그의 일상은 변함이 없고 권태로웠다.
어느 날 그는 의문에 빠졌다.

"왜 나는 책상을 책상이라 부르고 침대를 침대라 부르지? 프랑스 사람은 침대를 '리', 책상을 '타블'이라 하고 중국인들은 그들 나름대로 부르며 살아가는데?"

이런 생각이 미치자 갑자기 좋은 아이디어가 떠올랐다.
드디어 권태로운 일상의 굴레에서 벗어날 수 있는 방법이 생각난 것이다.
"이제는 정말 달라지는 거야." 하고 외치며 침대를 '사진'이라고 부르기로 했다.
"나는 피곤해. 사진 속으로 들어갈 거야."
그는 너무 기뻤다. 책상을 양탄자라고 부르고 의자를 괘종시계라 부르고 신문을 침대라 부르고 거울을 의자라 부르고 '누워 있다'를 '올린다'로, '서 있다'를 '언다'로, '세워 놓다'를 '펼친다'로 바꾸어 보았다. 모든 것이 새로웠다. 그는 아무도 만나지 않고 집에 틀어 박혀 새로운 언어를 만들고 온종일 연습했다.

시간이 흘러 마침내 자신의 언어를 완성했다.
"남자에게 달린 이 늙은 발은 오랫동안 사진 속에서 울리고 있었다. 아침이 바라보지 않도록 이 발은 옷장 위에 자신을 펼쳤다."
또다시 세월이 흘러 새로운 언어에 익숙하게 되자 과거에 사용하던 말들을 모두 잊어버리고 말았다.
한번은 외출을 했다가 어떤 사람과 마주쳤는데, "벌써 두 달 동안이나 계속 비가 오는군요."라고 말하는 것을 듣고 그는 배를 잡고 웃었다. 도저히 웃지 않을 수 없었던 것이 그는 이 말이 무슨 뜻인지 도무지 이해할 수 없었기 때문이다.

스위스의 유명한 작가 페터 빅셀(Peter Bichsel)의 소설 〈책상은 책상이다(Ein Tisch ist ein Tisch)〉에서 인용한 글입니다.

소설 속의 주인공처럼 책상을 침대하고 부릅시다. 혹은 책상을 꿈이라고 부릅시다. 우리가 무엇이라고 부르든 책상은 책상일 뿐 변함이 없습니다.

하늘을 양이라 하고 땅을 음이라 하고 나무를 木이라고 하더라도, 하늘은 하늘일 따름이고 땅은 땅이며 나무는 나무입니다.

언어가 인간들끼리의 약속이며 틀이듯이 음양오행 역시 또 하나의 약속이며 틀일 뿐입니다.

　음양오행은 삼라만상의 이치를 낚는 그물입니다.

　그물은 고기를 잡으면 그 역할을 다하는 것입니다.

　음양오행을 통해 자연의 '스스로 그러한' 뜻을 알고 나면 음양오행을 버려야 합니다.

　배는 강을 건너고 나면 필요가 없습니다.

　또한 달을 가리키는 손가락은 달을 찾고 나면 내려야 합니다.

　말도 뜻이 전해진 다음에는 침묵이 가치가 있는 것입니다.

　음양오행을 통해 이치를 깨달으면 그 이치의 그물에 걸리지 말아야 할 것입니다.

　주자(朱子)가 "이치에 가까운 듯하면서도 오히려 그것이 참된 진리를 크게 어지럽힌다(彌近理而 大亂眞)."고 한 것은 이를 경계한 말입니다. 또한 그 이치를 아는 것은 자랑할 게 못 됩니다.

　'여름에 시원한 계곡에서 가재를 잡아 구워 먹는 아이'와 '연구실에서 30년째 가재의 생태를 연구하고 있는 학자'를 비교해 볼 때 누가 가재의 참모습을 더 많이 안다고 할 수 있을까요?

　자연은 인위적인 형식 이전에 존재하는 질서입니다.

　음양오행은 그 질서 속으로 들어가는 첫걸음입니다.

우리 모두 음양오행을 배우고 익혀서 자연의 질서 속으로 들어가 봅시다.

그리고 참자연을 만나면 음양오행이란 문자를 버립시다.

오행은 뭘까?

ⓒ어윤형, 전창선

초판 1쇄 발행	2009년 11월 16일
초판 12쇄 발행	2024년 3월 28일

지은이	어윤형, 전창선
펴낸이	조동욱
펴낸곳	와이겔리
등록	2003년 5월 20일 제2003-000094호
주소	03134 서울시 종로구 계동2길 17-13 (계동)
전화	(02)744-8846
팩스	(02)744-8847
이메일	aurmi@hanmail.net
블로그	https://blog.naver.com/ybooks
ISBN	978-89-94140-00-1 04150
ISBN	978-89-954610-8-2 (set)

＊책값은 뒤표지에 있습니다.
＊잘못 만들어진 책은 바꿔 드립니다.